IELTS
READING

雅思阅读538考点词真经

刘洪波 编著

清華大學出版社
北京

内容简介

本书是作者根据多年的教学和研究经验编写而成，面向雅思考生，是一本备考雅思阅读考试的辅导用书。本书包括六章内容，汇总了雅思阅读真题中的 538 个考点词、真题功能考点词、真题分类核心词以及 A 类和 G 类阅读中的重点考查单词和同义替换词。本书全面升级了雅思真题考点词库，原创了原文题目同义替换清单，帮助考生快速掌握雅思阅读考试相关的词汇，复习剑桥系列所有阅读题，提升雅思阅读考试成绩。

图书在版编目（CIP）数据

雅思阅读538考点词真经 / 刘洪波编著. —北京：清华大学出版社，2024.1（2024.3重印）

ISBN 978-7-302-64961-8

Ⅰ. ①雅…　Ⅱ. ①刘…　Ⅲ. ①IELTS-阅读教学-自学参考资料　Ⅳ. ①H319.4

中国国家版本馆CIP数据核字（2023）第228709号

责任编辑：陈　健
封面设计：郭　鹏
责任校对：赵琳爽
责任印制：宋　林

出版发行：清华大学出版社
网　　址：https://www.tup.com.cn，https://www.wqxuetang.com
地　　址：北京清华大学学研大厦A座　　**邮　　编：**100084
社 总 机：010-83470000　　**邮　　购：**010-62786544
投稿与读者服务：010-62776969，c-service@tup.tsinghua.edu.cn
质量反馈：010-62772015，zhiliang@tup.tsinghua.edu.cn
印 装 者：涿州汇美亿浓印刷有限公司
经　　销：全国新华书店
开　　本：145mm×210mm　　**印　　张：**10　　**字　　数：**293千字
版　　次：2024年1月第1版　　**印　　次：**2024年3月第4次印刷
定　　价：45.00元

产品编号：105462-01

考点对应

——英语学习的阶梯

“阅读真经”三部曲包括《雅思阅读真经 5》《雅思阅读真经总纲》和这本《雅思阅读 538 考点词真经》。

“真经”源于“武侠”。喜欢武侠的人，不只是喜欢“武”，更注重“侠”，要在教学中融入热情，不仅要立足于学生现有的成绩，而且要考虑学生的长远发展。

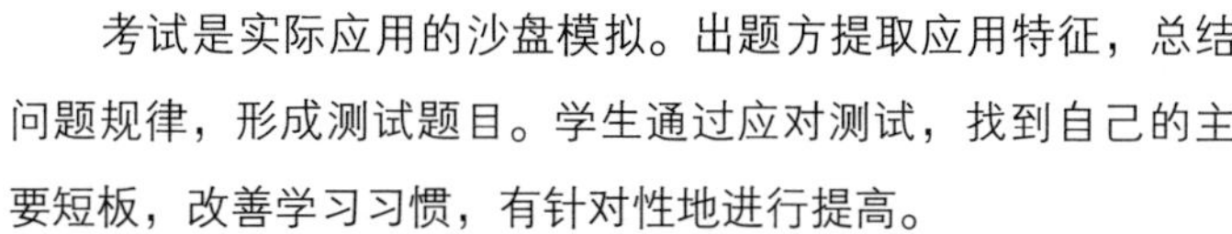

考试是实际应用的沙盘模拟。出题方提取应用特征，总结问题规律，形成测试题目。学生通过应对测试，找到自己的主要短板，改善学习习惯，有针对性地进行提高。

考点词理论的建立基于英语的语言规律。作为曲折语，英语更强调“不重复”，因此对同一事物的描述，使用不同的表达进行替换。此外，在论文和报告的写作中，如果要引用文章，不能原封不动地使用别人的内容，而是要转述成自己的语言。无论是语言规律要求的不重复，还是写作规律要求的改写，均被称为内容上的对应。这种对应，可能是同义，也有可能是反义，还有可能是指代。在测试中，被称为“考点对应”。在雅思的阅读和听力测试中融入了大量的“考点对应”概念，即题干和原文在很大程度上是考点对应关系。这是考点词理论一问世就得到广大学生热烈响应的原因。

其次，雅思考试立足于在英语环境中的学习、工作和生活使用，在写报告的时候，看到的是英文文章，写出来的也是英文文章，于是对“转述”能力有非常高的要求。根据“读写并进”的规律，如果要提高转述能力，需要首先进行有针对性地输入学习（包括阅读和听力），所以雅思的听力和阅读成绩好，对于口语和写作也有帮助。所以，学习考点词理论，对于学生的长远学习打下基础。

考点词真经有两大特点。第一，总结了整个剑桥体系的考点词对应清单；第二，专业注释了核心词。

雅思是没有词汇表的考试，对核心词的总结依赖于教师的经验。如果选词水平高，学生所背过的单词就会经常得到使用，不容易遗忘，而且熟能生巧。刘洪波老师接受过中西合璧的教育体系，并且参加过高考、雅思等多种考试，对于选词，有着丰富的经验和深刻的理解，这是我向大家推荐此书的原因之一。

除了选词的专业性，注释的专业性也非常重要。英语单词和汉语意思并非一一对应。学生需要在不同的语境下判断单词的具体释义。因此，背的无效注释越多，对学生的阅读理解干扰越大。因此，专业老师的注释更有助于提高学习效率。刘洪波老师在雅思培训行业深耕二十余年，有着非常丰富的经验，可以保证注释的专业性。

本书对考点词理论进行了很大升级：

1. 完整归纳考点对应清单。

2. 按题材划分，增加对现有考试的预测效果。学生可以优先掌握热门话题词汇。

3. 补充剑桥雅思真题 18 内容。

4. 对核心词的注释进行了全面筛选。

正值此书出版之际，谨以此文推荐。愿考点词能帮助更多的学生，在考试中取得好成绩。

更多好书，请关注吕蕾微信公众号、吕蕾微博或吕蕾抖音号及小红书号。

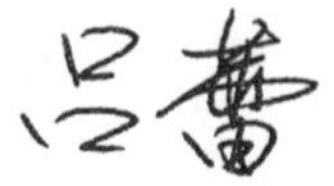

“考点词理论”的诞生

2012 年，作为学为贵诞生之礼，我以她之名出版了《剑桥雅思听力考点词真经》和《剑桥雅思阅读考点词真经》，并同步公开了“雅思听力阅读考点词理论”的部分研究论文。当时，新浪教育、网易教育、搜狐教育同步转载了相关论文，引发了热议。

热议的意思就是有褒有贬。批评者认为我蔑视了几十年传统英语考试培训累积的各种技巧，一味强调同义替换；赞扬者则认为我开创了一个崭新的领域，教学理念领先整个行业很多年。

无论外界纷扰，我的学生们（自称“贵粉儿”）第一时间投入无比的热情学习并研究听力阅读中的同义替换，开始背诵我提出的“考点词库”。我被他们的“盲目崇拜”感动得更加努力工作。

历史为证，《剑桥雅思听力考点词真经》和《剑桥雅思阅读考点词真经》是中国英语培训史上讲解同义替换的第一批出版专著。

时光如梭。现在，行业中越来越多的老师开始讲解和重视同义替换和考点词，中国雅思考生的听力、阅读平均分逐年上涨，全球排名稳步上升。

我很高兴，那才是我真正的收获。

雅思考生在接受培训时听得最多、说得最多的是定位词，又叫核心词（keywords）。殊不知比 keywords 更核心更重要的是考点词。因此，我写下两本书：《剑桥雅思阅读考点词真经》和《剑桥雅思听力考点词真经》，希望能帮助广大的考生洞察考试本源，化繁为简，也算公开提出一个新的教学研究方向，对国内英语教学的发展做一点贡献。

考点词定义

考点词是在听力理解和阅读理解考试的每一道题目中，命题者所设计的最重要的题目和原文的同义替换单词（或反义词驳斥设计）。

考点词特点

如果考生认识这个单词，这道题就能做对；反之，则做错。有的题目考点词不止一个。

雅思考点词的研究历程

2004 年，我在雅思阅读教学中讲："雅思阅读理解和听力理解都是理解题目和原文之间的同义替换。无论哪种题型，它们的命题思路都是一致的。因为题目中每一个单词所表达的含义都有对应的原文单词出处。听力与阅读都是如此。"

如果考生理解了这句话的含义，我就比喻为领悟了"无招胜有招"的意境。这个理论我在《雅思阅读真经总纲》中进行了详细的阐述和解释。我提及"无招胜有招"这个类比，是因为它是雅思阅读、听力考点词库理论的基础。

2009 年春，英国剑桥大学 ESOL 向全球发行《剑桥雅思真题 7》。当我做到第一套题第一篇阅读时，发现第 13 题的命题考点与 2005 年出版的《剑桥雅思真题 5》的第三套题第三篇第 31 题的考点设计一致，对比如下。

《剑桥雅思真题 7》第 21 页第 13 题

题型：**从原文选词填空**

题目：The word 'echolocation' was **first used** by someone working as a ________.

原文：The American zoologist Donald Griffin, who was largely responsible for the discovery of sonar in bats, **coined** the term 'echolocation' to…

答案：**zoologist**

《剑桥雅思真题 5》第 73 页第 31 题

题型：	**哪一自然段包含题目信息**
题目：	where the expression AI was **first used**
原文：	The field was launched, and the term ‘artificial intelligence’ **coined**, at a conference in 1956…
答案：	**B**

coin 一词作动词，意思是“创造”，同义表达是“first used”。如果考生背过这个词义，那么这两道题都会轻松答对。

当时，我也没多想，接着往下做。只是在 coin 一词旁做了一个标记，提醒自己：以前讲“剑 5”，只说 coin 一词的动词含义很重要，而从今以后讲课，要提醒学生这个词非常重要，因为“剑 5”和“剑 7”两篇文章都考。它们都是历年考过的真题，一篇是动物类的，一篇是科技类的；一个是填空题，一个是匹配题。但是，这两道题的考点都是 coin。

我接着往下做，又有新发现。

《剑桥雅思真题 7》第 46 页第 17 题

题型：	**哪一自然段包含题目信息**
题目：	one effect of chemicals on water sources
原文：	…while the growth of algae is increasing in lakes because of the **fertiliser** run-off.
答案：	**B**

《剑桥雅思真题 7》第 68 页第 9 题

题型：	**选项填空**
题目：	…and also use unwanted materials as ________.
原文：	…and spread waste to **fertilise** the crop.
答案：	**F fertilizers**

当时心中就有个想法：好像雅思命题者很喜欢这个词，同一本“剑桥雅思”里就考了两次。先不管了，做完这本书再说吧。于是我做到了这道题：

《剑桥雅思真题 7》第 91 页第 11 题

题型：**从原文选词填空**

题目：The discovery on one pyramid of an object which **resembled** a ________ suggests...

原文：A wooden artefact found on the step pyramid at Saqqara **looks** uncannily **like** a modern glider.

答案：**modern glider**

这让我想起：

《剑桥雅思真题 4》第 30 页第 39 题

题型：**选项填空**

题目：...it was found that they made ________ choices.

原文：...we found that their choices closely **resembled** those made by the sighted subjects.

答案：**similar**

第一遍做完“剑 7”，我确认了雅思阅读中三个重要的考点词：coin，fertilise 和 resemble。学员做完剑桥雅思真题，练了好多题；我做完剑桥雅思真题，最大的收获是这三个词。掩卷思考，心情激荡。我想我可能发现了雅思阅读考试中最核心的秘密。

接下来的思考是：为什么剑桥雅思在不同的年份、不同的考卷、不同的文章题材、不同的题型中都反复设置同一考点词呢?

有两个合乎逻辑的答案：第一，命题者少，许多题目是一个人出的，所以有个人风格，看到文章中有 coin，就习惯性出题 first used；第二，命题者多，但雅思命题官方有一个“考点词库”，会对命题者公布，告诉他们这些词很重要，符合雅思的学术难度，要求设计题目考查。显然第二种推断既合逻辑又合情理。

紧跟着的第二个问题是：为什么 coin、fertilise、resemble 这三个单词会进入“考点词库”？换句话说，为什么这三个单词如此重要，重要到出国留学的考生必须会，剑桥雅思命题者碰到必考？

我想，可能是这样的：

coin 作动词指“创造”，常用于 coin a word/term，意为“创造了一个术语，造了一个新词”。在科技发展的历史上，全新的事物、技术和理论的诞生都需要新词来定义和称呼，所以 coin 一词在学术论文中很常见，是对新理论下定义的标志。而且考生熟悉该词作名词的词义为“硬币”，易在将来留学海外做学术研究、阅读参考文献时出现困惑。因此该词的动词词义进入“考点词库”。

fertilise 作动词指“施肥”，名词是 fertiliser，意为“化肥”。化肥的使用会破坏环境，对人类的健康也有重大的影响。生死攸关的重要词汇，进入“考点词库”。

resemble 作动词指“相似，像”。同义词有 look like、be similar to。当我们想要把一个复杂事物或理论描述清晰时，我们经常会采用类比的手法：用一个读者都知道的、日常的、简单的东西去类比。这在学术论文中尤其常见。而且该词“长相”是形容词，实为重要动词。如不掌握，容易导致读者在语法上产生困惑，理解不了整个句子的含义。因此，该词进入“考点词库”。

以上都是我的猜想，连同我 coin 的术语“考点词库”，可能永远得不到剑桥雅思官方的证实。2011 年秋我应邀去剑桥 ESOL 访问，和剑桥雅思命题者面对面交流时，也不敢旁敲侧击地探询。官方一直对此讳莫如深，因为如有“考点词库”，那绝对就是剑桥雅思的最高机密之一。其实从 2009 年起，我开始着手研究自己心中的“雅思听力阅读考点词库”。当时《剑桥雅思》已经出到 7，已经有足够的真题素材可以对比研究，找出这些考点词。还原这个神秘的词库，让考生背记最重要的单词，意义非凡。

2011 年，《剑桥雅思真题 8》全球出版发行，我开始做“剑 8”。

《剑桥雅思真题 8》第 21 页第 9 题

题型：**填图**

题目：escapement (**resembling** ________)

原文：...which was a lever-based device shaped **like** a ship's anchor.

答案：**anchor**

又考到 resemble。“剑 8”对于我的考点词研究没有太大的新贡献，但佐证的作用很明显。到了 2012 年，我创立学为贵，希望以之为平台传播雅思真经教学体系，造福全球雅思学子。作为学为贵真经教学体系 GETS（Guixue English Teaching System）的一个重要元素，“雅思听力阅读考点词库”也随之公开。

2023 年，全球疫情消退，出国留学热度增长。我和学为贵教研团队借此机会，吸收过去近十年的读者反馈，全面优化考点词真经系列，突出化繁为简，希望能帮助学生更高效的备考。

最后，感谢学为贵集团的雅思老师：郭佳荣、李亚珊、樊琳、纪燕伟、赵亦甜、李亚宁、阎佳佳；他们用考点词理论为剑桥雅思系列梳理了考点同义替换清单，这些很重要，收录在本书第六章。

刘洪波

目录

扫码听音

第一章 雅思阅读 538 考点词

★★★★★

雅思阅读 538 考点词库

本书精选了 538 个雅思阅读考点词，分成了 3 类，进行了重要性排序。如果考生熟知，对应雅思阅读 7 分以上能力。

第 1 类考点词（共 20＋34＝54 个）

定义：超高频考点词！雅思阅读文章中只要出现该词，90% 会成为考查点！在不同的真题中被反复考查多次。

背记：考生请严格按下表中重要性排行顺序记忆 20 个考点词。是的，学为贵真经派的雅思考生，背的第一个单词不是 abandon，而是 resemble。因为它在“剑桥雅思真题”系列中被多次考到。请同时记忆下表真题考点中相对应的 34 个同义替换考点词（彩色单词）。不熟悉的单词请一定查出标注，同时建议思考相关反义词表达。

要求：滚瓜烂熟。

考点词	常考中文词义	雅思阅读真题考点对应
resemble	*v.* 像，与……相似	like, look like, be similar to
recognize	*v.* 认出，识别；承认；意识到	perceive, acknowledge, realize, appreciate, admit, identify, comprehend, understand, know
adjust	*v.* 调整，使适合	change, modify, shift, alter
approach	*n.* 方法	method, way
fundamental	*adj.* 基本的，基础的	rudimentary, preliminary, basic
rely on	依靠，依赖	depend on
domestic	*adj.* 家庭的；国内的	home, local, national
measure	*v.* 测量；估量	calculate, assess, evaluate

续表

考点词	常考中文词义	雅思阅读真题考点对应
trait	*n.* 特性，特征	characteristic, feature, property
coin	*v.* 创造	first used, invent
artificial	*adj.* 人造的，仿造的	synthetic, man-made
prompt	*v.* 促进，激起	initiate
exchange	*v.* 交换	share, apply A to B
underlie	*v.* 构成……的基础	based on, ground, root
ignore	*v.* 忽视，不顾	neglect, overlook, underestimate
fertiliser	*n.* 化肥，肥料	chemical, toxic, unnatural
that*	*pron.* 那；那个	this, it, they, those, these, such * 指代是雅思阅读的重要考点
and*	*conj.* 和，而且	or, as well as, both…and, not only…but also…, other than, in addition, besides, on the one hand…on the other hand…, neither…nor… * 并列结构是雅思阅读的重要考点
rather than*	而非，不是	but, yet, however, whereas, nonetheless, nevertheless, notwithstanding, although, though, instead * 转折结构是雅思阅读的重要考点
thanks to*	由于，幸亏	stem from, derive, owing to, due to, according to, because of, on account of, as a result of, leading to, because, since, for, in that, as, therefore, hence * 因果关系是雅思阅读的重要考点

第 2 类考点词（共 100 + 71 = 171 个）

注：**这类词中考点词与近义词有重复，故实际为 171 个考点词。**

定义：重要考点词！雅思阅读文章中只要出现该词，60% 会成为考查点！在不同的真题中被考查过 1 次以上。

背记：考生请按下表中重要性排行顺序记忆 100 个考点词；同时记忆真题考点中相对应的 71 个同义替换考点词（彩色单词）。不熟悉的单词请一定查出标注，同时建议思考相关反义词表达。

要求：熟记 10 遍以上。

考点词	常考中文词义	雅思阅读真题考点对应
diversity	*n.* 多样性，差异	variety, difference
detect	*v.* 查明，发现	find, look for, seek, search
isolate	*v.* 使隔离，使孤立	inaccessible
avoid	*v.* 避免	escape, evitable
budget	*n.* 预算	fund, financial
adapt to	使适应	fit, suit
alternative	*adj.* 供替代的，供选择的 *n.* 替代品	substitute
compensate	*n.* 补偿，赔偿	make up, offset
component	*n.* 成分，要素	proportion
military	*adj.* 军事的	weapon, army
criteria	*n.* 标准	standard
curriculum	*n.* 课程	syllabus, course of study
feasible	*adj.* 可行的	realistic, viable
constrain	*v.* 束缚，限制	stop, control
deficiency	*n.* 缺陷，缺点；缺乏	shortage, defect, weakness
supplement	*v.* 补充	provision
distinguish	*v.* 区别，辨别	separate, differentiate
analyze	*v.* 分析，解释	examine, diagnose
emphasize	*v.* 强调，着重	focus on, stress
enormous	*adj.* 庞大的，巨大的	massive, large
imitate	*v.* 模仿	mimic, copy
impair	*v.* 削弱，减少	damage, diminish, decrease
hinder	*v.* 阻碍	impede, prevent, deter, obstacle
legitimate	*adj.* 合法的	legal
limitation	*n.* 限制	restriction

续表

考点词	常考中文词义	雅思阅读真题考点对应
convention	*n.* 传统手法；习俗	method; tradition
demanding	*adj.* 苛求的	troublesome
determine	*v.* 决定	decide
accelerate	*v.* 加速，促进；强调	speed up
ancient	*adj.* 古代的；古老的	aged, old
beneficial	*adj.* 有益的	helpful, advantageous, wholesome
chronic	*adj.* 慢性的；长期性的	lasting
conscious	*adj.* 有意识的，神志清醒的	aware, knowing
minimize	*v.* 最小化，使……减到最小	reduce, lessen
immunity	*n.* 免疫力	resistance
imperative	*adj.* 必要的，紧急的	compelling, necessary, urgent
secrete	*v.* 分泌	discharge, exude
exaggerate	*v.* 夸大，夸张	overstate
transmit	*v.* 传达，传输	pass, send, transfer
extinct	*v.* 灭绝	die out, lost
exclusive	*adj.* 独有的；排外的；专一的	only
guarantee	*v.* 保证，担保	assure
inherit	*v.* 继承	receive
witness	*n.* 见证，证据；目击者	view, see
magnetic	*adj.* 有磁性的	attractive
loss	*n.* 减少；亏损；失败；遗失	waste, gone
option	*n.* 选择	choice
prefer to	更喜欢	would rather
priority	*n.* 优先权	preference, preferential
primary	*adj.* 主要的	principal, main
principle	*n.* 原理	rule
potential	*n.* 潜能 *adj.* 潜在的	possibility

续表

考点词	常考中文词义	雅思阅读真题考点对应
quantity	*n.* 量，数量	number
settle	*v.* 解决；定居，稳定	fix, figure out
sophisticate	*v.* 使复杂	complicate
specific	*adj.* 明确的；特殊的	detailed, particular
survive	*v.* 存活，幸存	remain
swift	*adj.* 迅速的，敏捷的，立刻的	quick, rapid
unexpectedly	*adv.* 出乎意料地	surprising
surrounding	*n.* 环境	setting, environment
attempt	*n.* 试图，尝试	try, test
expertise	*n.* 专门技术	knowledge, skill
faculty	*n.* 能力，才能；全体教员	ability
donate	*v.* 捐赠	contribute
dynamics	*n.* 动力学	energy, force, move
incentive	*n.* 刺激，鼓励；动机	motive, stimulus
mortality	*n.* 死亡率	death
peripheral	*adj.* 外围的，次要的	unimportant, minor
vicinity	*n.* 邻近，附近	neighbourhood, nearby
threaten	*v.* 威胁，危及	endanger, jeopardize, risk, hazard
practice	*n.* 实行；练习	method, exercise
bacteria	*n.* 细菌	virus, germ, microbe
be subject to	受……支配	face
be liable to	易于……；可能……	potential
innate	*adj.* 天生的；内在的，直觉的	built-in, inborn
pattern	*n.* 模式	formation
therapy	*n.* 治疗，理疗	treatment
original	*adj.* 原始的，最初的	initial, first
confidential	*adj.* 机密的，秘密的	undisclosed, secret, hidden

续表

考点词	常考中文词义	雅思阅读真题考点对应
cognitive	*adj.* 认知的	mental
comply with	照做，遵守	obey
consult	*v.* 查阅；商量；请教，咨询	ask for advice
superior	*adj.* 上级的；优秀的	higher, upper
co-operation	*n.* 合作，协作	support, work together
co-ordinate	*v.* 使……协调	organize, harmonize
differ	*v.* 使……相异；使……不同	vary
cue	*n.* 线索	hint, clue
signal	*n.* 信号	symbol, mark, sign
abandon	*v.* 放弃；遗弃	quit, give up, forsake, derelict
halt	*n.* 停止	stop, quit
fragile	*adj.* 脆弱的	vulnerable
retain	*v.* 保持；记住	maintain
vanish	*n./v.* 消失；绝迹	disappear
delivery	*n.* 递送	send
erode	*v.* 侵蚀；损害	rust, damage
induce	*v.* 引起；引诱	cause, lead to
stable	*adj.* 稳定的	constant, unchanged
integrate	*v.* 使……成整体	combine, whole
equal	*adj.* 平等的；相等的；胜任的	fair, even
grant	*v.* 拨款；授予	offer

第 3 类考点词（共 256 + 57 = 313 个）

定义：在雅思阅读真题文章中被考查过的单词，它们都是雅思阅读考点词。

背记：这 256 个单词的重要性一致，因此没有按照重要性排序；同时记忆真题考点中相对应的 57 个同义替换考点词（彩色单词）。不熟悉的单词请一定查出标注，同时建议思考相关反义词表达。

要求：熟记 5 遍以上。

考点词	常考中文词义	雅思阅读真题考点对应
accumulate	*v.* 累积，积聚	gather
addictive	*adj.* 上瘾的	habit
adversity	*n.* 逆境；不幸	trouble
aggression	*n.* 侵犯，侵害	attack
agreeable	*adj.* 令人愉快的；适合的；和蔼可亲的	pleasant
aid	*n.* 援助，帮助	help
allergic	*adj.* 过敏的；对……极讨厌的	irritate
altitude	*n.* 高度；海拔	height
application	*n.* 应用	utilization
approve	*v.* 批准	agree
array	*n.* 排列；大批	order
assign	*v.* 分配；指派	allocate
association	*n.* 协会，联盟；联系	union
attitude	*n.* 看法，态度	opinion
authority	*n.* 当局，权威	government
be consistent with	与……一致	compatible
bear	*v.* 承担；忍受	tolerate
blight	*v.* 损害；枯萎	destroy
boundary	*n.* 边界；底线	barrier
bungle	*v.* 搞糟；拙劣地工作	mishandle
burden	*n.* 负担	load
calamity	*n.* 灾难	disaster
capacity	*n.* 容量	volume
catastrophic	*adj.* 灾难的	disastrous
cater	*v.* 迎合；满足需要	serve
certify	*v.* 证明；保证	verify
civic	*adj.* 市民的；市政的	municipal

续表

考点词	常考中文词义	雅思阅读真题考点对应
comment	*n.* 评论；意见 *v.* 评论	remark
commitment	*n.* 承诺，许诺；义务；致力	engagement
communal	*adj.* 公共的；公社的	public
commute	*v.* 通勤；用……交换	travel
compare	*v.* 与……相比较	contrast
conceal	*v.* 隐藏；隐瞒	hide
concentrate	*v.* 专心于；集中	focus
concur	*v.* 同意	agree
confer	*v.* 授予，给予	grant
conflict	*n.* 冲突，矛盾	unharmonious
confuse	*v.* 使混乱，使迷惑	puzzle
conservative	*adj.* 保守的	traditional
considerable	*adj.* 相当大的，相当重要的	significant
contingent	*adj.* 因情况而异的	uncertain
controversial	*adj.* 有争论的	disputable
correlation	*n.* 相关，关联	link
courtship	*n.* 求爱（时期）	mate
crash	*n.* 碰撞；崩溃；暴跌	collapse
credibility	*n.* 可信性	reliance
criminal	*n.* 罪犯，犯人	conviction
crisis	*n.* 危机	risk
criticism	*n.* 批评	condemn
curb	*v.* 限制，抑制	restrict
damp	*adj.* 潮湿的	wet
dazzle	*v.* 使目眩；使……眼花	flash
deadline	*n.* 最后期限	limit
delay	*n.* 延期，耽搁	postpone

续表

考点词	常考中文词义	雅思阅读真题考点对应
democratic	*adj.* 民主的	republic
demographic	*adj.* 人口统计学的；人口学的	population statistic
dental	*adj.* 牙科的，牙齿的	teeth
depression	*n.* 抑郁，沮丧	frustration
designate	*v.* 指定，指派；标出	appoint
detain	*v.* 留住	hold
devastate	*v.* 毁坏，毁灭	wreck
disclose	*v.* 公开；揭露	expose
disparate	*adj.* 不同的	different
display	*n.* 显示	show
disrupt	*v.* 破坏	destroy
distract	*v.* 转移（注意力）；使分心	divert
distribute	*v.* 分配，分发	spread
documentation	*n.* 证明文件；文献记录	record
domain	*n.* 领域	field
dominant	*adj.* 占优势的，占支配地位的	overbearing
dramatic	*adj.* 戏剧化的；激动人心的；引人注意的	striking
drought	*n.* 干旱	dry
durable	*adj.* 持久的	lasting
eco-friendly	*adj.* 生态友好的，环保的	environmentally-friendly
elaborate	*v.* 详细阐述，详细叙述	illustrate
elderly	*adj.* 高龄的	aged
eliminate	*v.* 消除；排除	dispose
elusive	*adj.* 难懂的，难捉摸的；行踪隐秘的	hard
encyclopaedia	*n.* 百科全书	entire range of knowledge
entrepreneur	*n.* 企业家	boss

续表

考点词	常考中文词义	雅思阅读真题考点对应
equator	*n.* 赤道	geography
erratically	*adv.* 不定地，无规律地	unpredictably
established	*adj.* 确定的；已制定的，已建立的	built
estate	*n.* 房地产	property
ethical	*adj.* 道德的	moral
eventually	*adv.* 最后，终于	finally
evidence	*n.* 迹象；证据	proof
evolve	*v.* 进化，发展；逐渐形成	develop
exceptional	*adj.* 异常的；特别出色的	extreme, utmost
exhausted	*adj.* 疲惫的，耗尽的	fatigue
experiment	*n.* 实验，试验	test
explicit	*adj.* 明确的	clear
exploit	*v.* 开发，利用	use
extend	*v.* 扩展，延伸，推广	expand
extract	*n.* 摘录 *v.* 提取	quotation
famine	*n.* 饥荒	hunger
finite	*adj.* 有限的	limited
fitness	*n.* 健康	health
foe	*n.* 敌人，危害物	enemy
format	*n.* 格式	structure
fragment	*n.* 碎片	piece
freeze	*n.* 冰冻，冻结	chill
fulfill	*v.* 满足，实现	execute
gene	*n.* 基因	factor
gifted	*adj.* 有天赋的，有才华的	talented
graphic	*adj.* 形象的；图解的	picture

续表

考点词	常考中文词义	雅思阅读真题考点对应
habitat	*n.* 栖息地，住处	residence
harbour	*v.* 怀有 *n.* 海港	hold
hardship	*n.* 困苦；苦难	difficult
harsh	*adj.* 艰难的；严酷的	rough
hypothesis	*n.* 假设	assumption
impact	*n.* 影响，作用	influence
impressive	*adj.* 感人的；给人深刻印象的	touching
in accordance with	依照；与……一致	conform
inaccurate	*adj.* 错误的	incorrect
inactive	*adj.* 不活跃的，不活动的	passive
inappropriate	*adj.* 不适当的	hard
indulge	*v.* 沉溺(于)	spoil
infest	*v.* 侵害；寄生于	plague
installment	*n.* 安装；分期付款	payment on its completion
intelligence	*n.* 智力	mind
intense	*adj.* 强烈的；紧张的；热情的	strong
interaction	*n.* 相互作用，交流互动	social activities
interference	*n.* 干涉	interdependence
interior	*n.* 内部 *adj.* 内部的	inner
interrupt	*v.* 中断	stop
introverted	*adj.* 内向的，含蓄的	shyness
involve	*v.* 包含，牵涉	associate
keen	*adj.* 热切的；急迫的，强烈的	strong
label	*v.* 打上标签	display
lack	*v.* 缺乏；不足	shortage
landscape	*n.* 风景	scene
likelihood	*n.* 可能性	chance

续表

考点词	常考中文词义	雅思阅读真题考点对应
limb	***n.*** 肢；腿；臂；翼	arm or leg
linguistic	***adj.*** 语言(学)的	language
log	***v.*** 记录 ***n.*** 原木	record
look-in	***n.*** 成功的机会	opportunity, chance
lopsided	***adj.*** 不平衡的	uneven
mainly	***adv.*** 主要地，大体上	primarily
malfunction	***v.*** 发生故障；不起作用	breakdown
mammal	***n.*** 哺乳动物	creature
manage to do	设法完成某事	success
manifest	***v.*** 出现；表明 ***adj.*** 明显的	obvious
manufacture	***n.*** 生产	produce
marine	***adj.*** 海产的；航海的，海运的	sea
mate	***n.*** 配偶	spouse
mechanism	***n.*** 机制，原理	method
mental	***adj.*** 精神的，心理的	intelligent
mercury	***n.*** 汞，水银	liquid metal
meteorological	***adj.*** 气象学的	weather
migrate	***v.*** 转移，迁移	move
moisture	***n.*** 水分，湿度	humidity
monitor	***v.*** 监控	surveillance
motif	***n.*** 主题；图形	theme
mould	***v.*** 模压，塑造；塑造成	form
native	***adj.*** 本国的；土著的；天然的；天赋的	original
nocturnal	***adj.*** 夜间的，夜间发生的	night
norm	***n.*** 规范	regulation
notoriety	***n.*** 名声	famous

续表

考点词	常考中文词义	雅思阅读真题考点对应
objective	***n.*** 目标，目的 ***adj.*** 客观的	goal
obligation	***n.*** 义务	responsibility
obscure	***v.*** 掩盖，使模糊不清	hide
obtain	***v.*** 获得	get
odd	***adj.*** 古怪的	strange
odour	***n.*** 气味；臭味	smell
offensive	***adj.*** 冒犯的，无礼的	hostile
official	***n.*** 官员 ***adj.*** 官方的	authority
optimum	***n.*** 最佳效果 ***adj.*** 最适宜的	best
ordinary	***adj.*** 普通的；平凡的；平常的	common
organ	***n.*** 器官；机构	a part of a body
out of the question	不可能的	impossible
overcome	***v.*** 克服	defeat
overtake	***v.*** 超过；赶上	surpass
paralyse	***v.*** 使……麻痹；使……瘫痪	cannot move
paramount	***adj.*** 最重要的，主要的	principal
participate	***v.*** 参加	join
patient	***adj.*** 有耐性的，能容忍的 ***n.*** 病人；患者	repetitive
peak	***n.*** 最高峰，顶点 ***v.*** 使……达到顶峰	top
permit	***n.*** 许可证，执照 ***v.*** 许可	allow
persuade	***v.*** 说服，劝说	influence
pessimistic	***adj.*** 悲观的	negative
phase	***n.*** 阶段	process
physical	***adj.*** 身体上的；物质的	body

续表

考点词	常考中文词义	雅思阅读真题考点对应
plagiarise	*v.* 抄袭	copy
plenty of	大量的	many
plot	*v.* 密谋	plan
pose	*v.* 提出；造成，形成	cause
portable	***adj.*** 便携的	conveyable
poverty	***n.*** 贫穷	poor
praise	***n.*** 赞扬	commend
predict	*v.* 预测，预知	expect
pressing	***adj.*** 迫切的	urgent
private	***adj.*** 私人的；私有的；私下的	personal
prohibit	*v.* 禁止	not allowed
prolong	*v.* 拉长，延长	extend
promote	*v.* 促进，推销	improve
prosper	*v.* 使成功，使繁荣	success
purify	*v.* 净化	clean
qualify	*v.* 取得资格	fulfill
radical	***adj.*** 彻底的，根本的	utmost
range	***n.*** 范围；幅度	scope
rare	***adj.*** 稀有的	unusual
rate	***n.*** 等级 *v.* 评估	rank; measure
react	*v.* 反应	respond
recreation	***n.*** 娱乐，消遣	entertainment
reduction	***n.*** 下降，减少	decrease
refer to	指(的是)；涉及，提及	talk about
rehearsal	***n.*** 排演；预演；练习	preparation
reject	*v.* 拒绝，排斥；丢弃	exclude
relevant	***adj.*** 相关的	relative

续表

考点词	常考中文词义	雅思阅读真题考点对应
religious	*adj.* 宗教的；虔诚的	sacred
reluctant	*adj.* 不情愿的	unwilling
reproduce	*v.* 繁殖	breed
responsible	*adj.* 负责的，可靠的；有责任的	liable
revision	*n.* 修正	editing
revive	*v.* 使复苏，恢复	renaissance
ruin	*v.* 毁灭	destroy
scenic	*adj.* 风景优美的	beautiful
shade	*n.* 阴凉处；阴影	shelter
skepticism	*n.* 怀疑	doubt
soar	*v.* 激增	increase
solely	*adv.* 唯一地	alone
solicitor	*n.* 律师	lawyer
steer	*v.* 控制，引导	manage
stimulate	*v.* 刺激，激励	motivate
stride	*n.* 进展	progress
succumb	*v.* 屈服	yield
subdivide	*v.* 把……细分	break down
subtle	*adj.* 微妙的	delicate
substance	*n.* 物质；实质	matter
sufficiency	*n.* 足量，充足	enough
supersede	*v.* 取代，代替	replace
suppress	*v.* 抑制；隐瞒	hold
supremacy	*n.* 至高无上，最高地位	priority
suspicious	*adj.* 可疑的	odd
sustainable	*adj.* 可持续的	long-term
symptom	*n.* 症状，征兆	sign

续表

考点词	常考中文词义	雅思阅读真题考点对应
tension	*n.* 紧张，不安	upset
term	*n.* 术语	word
throughout	*adv.* 自始至终；到处；全部 *prep.* 贯穿，遍及	anywhere
toll	*n.* 通行费 *v.* 征收	charge
trace	*n.* 追溯；痕迹	track
transcend	*v.* 胜过，超越	excel
transit	*n.* 运输；运送 *v.* 穿过，经过	send
tremendous	*adj.* 巨大的，惊人的	vast
trigger	*v.* 触发，引发，引起	begin
tropical	*adj.* 热带的	hot
unbiased	*adj.* 公正的，无偏见的	fair
uniform	*adj.* 统一的；一致的	consistent
valuable	*adj.* 宝贵的，有价值的	benefit
versatile	*adj.* 多功能的	all-around
view	*v.* 看	overlook
violent	*adj.* 暴力的；猛烈的	fierce
visible	*adj.* 明显的，看得见的	see
visual	*adj.* 视觉的	image
well-being	*n.* 健康，康乐	health

最后重申

本部分的单词都是必须背的，因为它们每一个都对应真题、对应你的阅读考试分数。

要完全领悟考点词和真题的命题思路，请参考学习本书第六章“雅思真题考点同义替换清单”。

扫码听音

第二章 雅思真题功能考点词

本章是在第一章538考点词的基础上按语义功能进行筛选、分类、扩充。学习本章内容不仅能帮助考生高效地复习、记忆第一章的绝大部分词汇，还能理解体会到为什么这些单词会反复出现在不同话题的真题文章中，并被剑桥雅思命题人青睐选做考点。

“因果目的”考点词

purpose [ˈpɜːpəs]	***n.*** 目的
goal [ɡəʊl]	***n.*** 目标，目的
aim [eɪm]	***n.*** 目标　***v.*** 瞄准
target [ˈtɑːɡɪt]	***n.*** 目标　***v.*** 瞄准
motive [ˈməʊtɪv]	***n.*** 动机，目的
cause [kɔːz]	***n.*** 原因，动机
responsible [rɪˈspɒnsəb(ə)l]	***adj.*** 负有责任的
accountable [əˈkaʊntəbl]	***adj.*** 负有责任的
account for	占到，解释，负有责任
on account of	由于，因为
impact [ˈɪmpækt]	***n.*** 影响，作用
influence [ˈɪnfluəns]	***n.*** 影响，作用
effect [ɪˈfekt]	***n.*** 影响
consequence [ˈkɒnsɪkwəns]	***n.*** 结果，影响
originate [əˈrɪdʒɪneɪt]	***v.*** 引起，起源 （origin ***n.*** 起源　original ***adj.*** 最初的）
contribute [kənˈtrɪbjuːt]	***v.*** 促使；捐助 （contribution ***n.*** 贡献）

attribute [ə'trɪbjuːt]	*v.* 把……归因于 *n.* 属性，特征
underlie [ˌʌndə'laɪ]	*v.* 构成……的基础；作为……的原因
stem [stem]	*v.* 源于，由……造成
derive [dɪ'raɪv]	*v.* 源于
generate ['dʒenəreɪt]	*v.* 产生，引起 （generation *n.* 产生；一代人）
produce [prə'djuːs]	*v.* 产生，引起 （product *n.* 产品）
prompt [prɒmpt]	*v.* 促使，导致
trigger ['trɪɡə(r)]	*v.* 引发 *n.* 扳机
yield [jiːld]	*v.* 产生；屈服 *n.* 产量
induce [ɪn'djuːs]	*v.* 产生
based on	以……为依据
depend on	取决于
rely on	依靠
due to	由于，因为
thanks to	由于
owing to	由于，因为
lead to	导致
therefore ['ðeəfɔː(r)]	*adv.* 因此
since [sɪns]	*conj.* 因为，由于
hence [hens]	*adv.* 因此
thus [ðʌs]	*adv.* 因此
in that	因为
given ['ɡɪv(ə)n]	*prep.* 鉴于，考虑到 *adj.* 特定的

"变化"考点词

vary ['veəri]	*v.* 变化，改变 （various *adj.* 各种各样的 variety *n.* 变化 variable *n.* 变量）
diverse [daɪ'vɜːs]	*adj.* 多种多样的 （diversity *n.* 多样性）
alter ['ɔːltə(r)]	*v.* 改变，更改 （alternative *adj.* 可选择的）
shift [ʃɪft]	*v.* 改变
switch [swɪtʃ]	*v.* 转变，改变
adjust [ə'dʒʌst]	*v.* 适应，调整
modify ['mɒdɪfaɪ]	*v.* 改变，修改 （modification *n.* 改变）
change [tʃeɪndʒ]	*v.* 改变
transfer [træns'fɜː(r)]	*v.* 转移
mend [mend]	*v.* 改正，修正
divert [daɪ'vɜːt]	*v.* 转移
replace [rɪ'pleɪs]	*v.* 更换，取代
substitute ['sʌbstɪtjuːt]	*v.* 替换，取代

"特征对比"考点词

feature ['fiːtʃə(r)]	*n.* 特征，特点
characteristic [ˌkærəktə'rɪstɪk]	*n.* 特征
property ['prɒpəti]	*n.* 特性；财产，地产
trait [treɪt]	*n.* 特点，特征
quality ['kwɒləti]	*n.* 特征，性质；质量
distinctive [dɪ'stɪŋktɪv]	*adj.* 独特的，不同的 （distinction *n.* 差别，特点）

distinguish [dɪ'stɪŋgwɪʃ]	*v.* 区分，辨别
differentiate [ˌdɪfə'renʃieɪt]	*v.* 区别，区分
divide [dɪ'vaɪd]	*v.* 分开，分割
separate ['seprət]	*v.* 分开，分离
isolate ['aɪsəleɪt]	*v.* 隔离；使分离
identical [aɪ'dentɪk(ə)l]	*adj.* 相同的
imitate ['ɪmɪteɪt]	*v.* 模仿
resemble [rɪ'zemb(ə)l]	*v.* 类似，像
similar ['sɪmələ(r)]	*adj.* 类似的
relevant ['reləvənt]	*adj.* 相关的
counterpart ['kaʊntəpɑːt]	*n.* 相对物
complement ['kɒmplɪment]	*v.* 补充，补足
supplement ['sʌplɪmənt]	*v.* 补充，增补
rather ['rɑːðə(r)]	*adv.* 相反
rather than	而不是
compare [kəm'peə(r)]	*v.* 比较，对比
contrast ['kɒntrɑːst]	*n.&v.* 对比
conversely ['kɒnvɜːsli]	*adv.* 相反地

"评估"考点词

assess [ə'ses]	*v.* 评估，评定 （assessment *n.* 评估）
measure ['meʒə(r)]	*v.* 评估，估量　*n.* 措施
evaluate [ɪ'væljueɪt]	*v.* 评价，评估
calculate ['kælkjuleɪt]	*v.* 估计，估算
rate [reɪt]	*v.* 评价，评定　*n.* 比率

rank [ræŋk]	*v.* 给……评级

“重要性”考点词

criteria [kraɪˈtɪəriə]	*n.* 标准，准则
standard [ˈstændəd]	*n.* 标准
principle [ˈprɪnsəp(ə)l]	*n.* 原则
principal [ˈprɪnsəp(ə)l]	*adj.* 最重要的，主要的
primary [ˈpraɪməri]	*adj.* 首要的，主要的
main [meɪn]	*adj.* 主要的
major [ˈmeɪdʒə(r)]	*adj.* 主要的，重要的
dominant [ˈdɒmɪnənt]	*adj.* 首要的，占重要地位的
significant [sɪgˈnɪfɪkənt]	*adj.* 重要的
solely [ˈsəʊlli]	*adv.* 仅仅，只有
indispensable [ˌɪndɪˈspensəb(ə)l]	*adj.* 必不可少的
necessity [nəˈsesəti]	*n.* 必要；必需品
crucial [ˈkruːʃ(ə)l]	*adj.* 关键性的
essential [ɪˈsenʃ(ə)l]	*adj.* 必要的，根本的 （essence *n.* 本质，实质）
critical [ˈkrɪtɪk(ə)l]	*adj.* 关键的；批评的
vital [ˈvaɪt(ə)l]	*adj.* 必要的，至关重要的
pivotal [ˈpɪvət(ə)l]	*adj.* 关键的，核心的
emphasize [ˈemfəsaɪz]	*v.* 重视，强调
focus [ˈfəʊkəs]	*v./n.* 重点，焦点
sharpen [ˈʃɑːpən]	*v.* 加强，加深
highlight [ˈhaɪlaɪt]	*v.* 突出，强调
underline [ˌʌndəˈlaɪn]	*v.* 加强，强调
optimal [ˈɒptɪməl]	*adj.* 最优的，最佳的

priority [praɪ'ɒrəti]	*n.* 优先，当务之急
guarantee [ˌgærən'tiː]	*v.* 确保
guard [gɑːd]	*v.* 保护，保卫

“提升加强”考点词

facilitate [fə'sɪlɪteɪt]	*v.* 促进
boost [buːst]	*v.* 使增长　*n.* 增长，提高
encourage [ɪn'kʌrɪdʒ]	*v.* 鼓励，促进
improve [ɪm'pruːv]	*v.* 提高，改善
promote [prə'məʊt]	*v.* 促进，提升
increase [ɪn'kriːs]	*v.* 增加
enhance [ɪn'hɑːns]	*v.* 提高，增强
reinforce [ˌriːɪn'fɔːs]	*v.* 加强，充实
strengthen ['streŋθn]	*v.* 增强
foster ['fɒstə(r)]	*v.* 促进，鼓励；培养
aid [eɪd]	*v.* 促进
incentive [ɪn'sentɪv]	*n.* 激励，鼓励
motivate ['məʊtɪveɪt]	*v.* 激励
stimulate ['stɪmjuleɪt]	*v.* 激发，促进
provoke [prə'vəʊk]	*v.* 激起
spur [spɜː(r)]	*n./v.* 激励，刺激，鞭策
impetus ['ɪmpɪtəs]	*n.* 动力，刺激
impulsive [ɪm'pʌlsɪv]	*adj.* 冲动的
accelerate [ək'seləreɪt]	*v.* 加速
cooperate [kəʊ'ɒpəreɪt]	*v.* 合作，协助
coordination [kəʊˌɔːdɪ'neɪʃ(ə)n]	*n.* 协调

enlighten [ɪn'laɪt(ə)n]	*v.* 启发
overtake [ˌəʊvə'teɪk]	*v.* 赶上，超过
overcome [ˌəʊvə'kʌm]	*v.* 克服，战胜
surpass [sə'pɑ:s]	*v.* 超过
excel [ɪk'sel]	*v.* 胜过
prevail [prɪ'veɪl]	*v.* 胜过；盛行

"削弱减少"考点词

decline [dɪ'klaɪn]	*v.* 衰退，减少
decrease [dɪ'kri:s]	*v.* 减少
diminish [dɪ'mɪnɪʃ]	*v.* 减少，减弱
deteriorate [dɪ'tɪəriəreɪt]	*v.* 恶化，下降
detrimental [ˌdetrɪ'ment(ə)l]	*adj.* 有害的，不利的
fade [feɪd]	*v.* 减弱，衰退
withdraw [wɪð'drɔ:]	*v.* 撤离，撤退
relief [rɪ'li:f]	*n.* 减轻，消除
deter [dɪ'tɜ:(r)]	*v.* 阻止，制止
hinder ['hɪndə(r)]	*v.* 阻碍
impair [ɪm'peə(r)]	*v.* 损害，削弱
impede [ɪm'pi:d]	*v.* 阻碍，阻止
disrupt [dɪs'rʌpt]	*v.* 中断，扰乱
disturb [dɪ'stɜ:b]	*v.* 妨碍，扰乱
interfere [ˌɪntə'fɪə(r)]	*v.* 妨碍，干预
prevent [prɪ'vent]	*v.* 妨碍，阻止
constrain [kən'streɪn]	*v.* 限制，强制

detain [dɪ'teɪn]	*v.* 耽搁，阻留
limit ['lɪmɪt]	***n.&v.*** 限制
restrict [rɪ'strɪkt]	*v.* 限制
halt [hɔ:lt]	*v.* 停止；暂停
cease [si:s]	*v.* 停止，结束
forbid [fə'bɪd]	*v.* 禁止
prohibit [prə'hɪbɪt]	*v.* 禁止，阻止
inhibit [ɪn'hɪbɪt]	*v.* 阻止，抑制
reject [rɪ'dʒekt]	*v.* 拒绝
deny [dɪ'naɪ]	*v.* 拒绝，否认
defy [dɪ'faɪ]	*v.* 违抗
contradict [ˌkɒntrə'dɪkt]	*v.* 否认，反驳
violate ['vaɪəleɪt]	*v.* 违反，妨碍
eliminate [ɪ'lɪmɪneɪt]	*v.* 消除，消灭
collapse [kə'læps]	*v.* 倒塌
loss [lɒs]	***n.*** 损失，亏损
distort [dɪ'stɔ:t]	*v.* 歪曲，曲解
mislead [ˌmɪs'li:d]	*v.* 误导
deceptive [dɪ'septɪv]	***adj.*** 误导的；欺骗性的
conceal [kən'si:l]	*v.* 隐藏，隐瞒
disguise [dɪs'gaɪz]	*v.* 隐蔽，伪装
camouflage ['kæməflɑ:ʒ]	*v.* 伪装，掩饰
defer [dɪ'fɜ:(r)]	*v.* 拖延，推迟
delay [dɪ'leɪ]	*v.* 拖延，推迟
postpone [pə'spəʊn]	*v.* 延期，延缓
put off	延期，推迟

“困难危机”考点词

confuse [kən'fju:z]	*v.* 使困惑
puzzle ['pʌz(ə)l]	*v.* 使困惑，使迷惑
perplex [pə'pleks]	*v.* 使困惑，迷惑
odd [ɒd]	*adj.* 古怪的，异常的
complex ['kɒmpleks]	*adj.* 复杂的
complicate ['kɒmplɪkeɪt]	*v.* 使复杂
sophisticated [sə'fɪstɪkeɪtɪd]	*adj.* 老练的；复杂巧妙的
harsh [hɑ:ʃ]	*adj.* 恶劣的，严酷的
obstacle ['ɒbstək(ə)l]	*n.* 障碍，困难
obstruct [əb'strʌkt]	*v.* 阻碍，阻挡
barrier ['bæriə(r)]	*n.* 障碍，屏障
hurdle ['hɜ:d(ə)l]	*n.* 障碍，跨栏
adverse ['ædvɜ:s]	*adj.* 不利的，有害的
risk [rɪsk]	*n.* 危险，冒险
peril ['perəl]	*n.* 危险
hazard ['hæzəd]	*v.* 冒……的风险　*n.* 危险
dilemma [dɪ'lemə]	*n.* 困境，窘境
threat [θret]	*n.* 威胁，恐吓
opportunity [ˌɒpə'tju:nəti]	*n.* 机会
potential [pə'tenʃ(ə)l]	*adj.* 潜在的
challenge ['tʃælɪndʒ]	*n.* 挑战
alarm [ə'lɑ:m]	*n.* 惊恐，忧虑
alert [ə'lɜ:t]	*adj.* 警惕的
burden ['bɜ:d(ə)n]	*n.* 负担
pressure ['preʃə(r)]	*n.* 压力

“解决方法”考点词

approach [ə'prəʊtʃ]	*n.* 方法，途径
method ['meθəd]	*n.* 方法
strategy ['strætədʒi]	*n.* 策略，战略
solution [sə'luːʃ(ə)n]	*n.* 解决办法
resolve [rɪ'zɒlv]	*v.* 解决
complaint [kəm'pleɪnt]	*n.* 抱怨
compromise ['kɒmprəmaɪz]	*n.* 妥协
compensate ['kɒmpenseɪt]	*v.* 弥补，补偿 （compensation *n.* 补偿）
offset ['ɒfset]	*v.* 弥补，补偿
make up	弥补

“态度”考点词

active ['æktɪv]	*adj.* 积极的，活跃的
positive ['pɒzətɪv]	*adj.* 积极的
optimistic [ˌɒptɪ'mɪstɪk]	*adj.* 乐观的
praise [preɪz]	*v.* 赞扬
approval [ə'pruːv(ə)l]	*n.* 同意，赞成
appreciate [ə'priːʃieɪt]	*v.* 欣赏，感激
content ['kɒntent]	*adj.* 满意的
preference ['prefrəns]	*n.* 偏爱
favorable ['feɪvərəb(ə)l]	*adj.* 赞同的，称赞的
satisfy ['sætɪsfaɪ]	*v.* 满意，满足
unexpectedly [ˌʌnɪk'spektɪdli]	*adv.* 出乎意料地
insist [ɪn'sɪst]	*v.* 坚持

persistence [pə'sɪstəns]	*n.* 坚持不懈
patient ['peɪʃ(ə)nt]	*adj.* 有耐心的　*n.* 病人
enthusiasm [ɪn'θju:ziæzəm]	*n.* 热情
accept [ək'sept]	*v.* 同意，接受
cherish ['tʃerɪʃ]	*v.* 珍爱
sympathy ['sɪmpəθi]	*n.* 同情，赞同
ideal [aɪ'di:əl]	*adj.* 理想的
gratitude ['grætɪtju:d]	*n.* 感谢
generous ['dʒenərəs]	*adj.* 仁慈的
confidence ['kɒnfɪdəns]	*n.* 信任
faith [feɪθ]	*n.* 信任，相信
affirm [ə'fɜ:m]	*v.* 肯定
confirm [kən'fɜ:m]	*v.* 肯定，证实
feasible ['fi:zəb(ə)l]	*adj.* 可行的
viable ['vaɪəb(ə)l]	*adj.* 切实可行的
cater ['keɪtə(r)]	*v.* 满足……的需要；迎合
aggressive [ə'gresɪv]	*adj.* 积极进取的
conservative [kən'sɜ:vətɪv]	*adj.* 保守的
radical ['rædɪk(ə)l]	*adj.* 激进的
obsess [əb'ses]	*v.* 使着迷，使沉迷，使迷恋
hesitant ['hezɪtənt]	*adj.* 犹豫的
reluctant [rɪ'lʌktənt]	*adj.* 勉强的，不情愿的
caution ['kɔ:ʃ(ə)n]	*n.* 谨慎
scrutiny ['skru:təni]	*n.* 仔细检查；监督
tolerance ['tɒlərəns]	*n.* 宽容

indifference [ɪn'dɪfrəns]	*n.* 漠不关心
rigid ['rɪdʒɪd]	*adj.* 刻板的，固执的
stringent ['strɪndʒənt]	*adj.* 严厉的，严格的
controversial [ˌkɒntrə'vɜːʃ(ə)l]	*adj.* 有争议的
ambiguous [æm'bɪgjuəs]	*adj.* 不明确的
opposite ['ɒpəzɪt]	*adj.* 对立的
passive ['pæsɪv]	*adj.* 消极的，被动的
negative ['negətɪv]	*adj.* 消极的
pessimistic [ˌpesɪ'mɪstɪk]	*adj.* 悲观的
depress [dɪ'pres]	*v.* 使沮丧
avoid [ə'vɔɪd]	*v.* 避免
object [əb'dʒekt]	*v.* 反对
criticism ['krɪtɪsɪzəm]	*n.* 批评
ironically [aɪ'rɒnɪkli]	*adv.* 讽刺的是
doubt [daʊt]	*v.* 怀疑
dispute [dɪ'spjuːt]	*v.* 质疑　*n.* 争论
skeptical ['skeptɪk(ə)l]	*adj.* 怀疑的
suspicious [sə'spɪʃəs]	*adj.* 怀疑的，猜疑的
exaggerate [ɪg'zædʒəreɪt]	*v.* 夸张，夸大
overstate [ˌəʊvə'steɪt]	*v.* 夸张，夸大
contempt [kən'tempt]	*n.* 轻视
underestimate [ˌʌndər'estɪmeɪt]	*v.* 低估
ignore [ɪg'nɔː(r)]	*v.* 忽视
overlook [ˌəʊvə'lʊk]	*v.* 忽视，忽略
neglect [nɪ'glekt]	*v.* 忽略，疏忽
bias ['baɪəs]	*n.* 偏见

blame [bleɪm]	*v.* 责备
condemn [kən'dem]	*v.* 谴责，指责
offensive [ə'fensɪv]	*adj.* 冒犯的，唐突的
hostile ['hɒstaɪl]	*adj.* 敌对的，不友善的

其他考点词

assume [ə'sju:m]	*v.* 假设，假定；承担 （assumption *n.* 假设）
speculate ['spekjuleɪt]	*v.* 推测，猜测；投机 （speculation *n.* 猜测，推测）
hypothesis [haɪ'pɒθəsɪs]	*n.* 假设
theory ['θɪəri]	*n.* 理论
cite [saɪt]	*v.* 引用，提及
quote [kwəʊt]	*v.* 引用
illustrate ['ɪləstreɪt]	*v.* 说明，表明
imply [ɪm'plaɪ]	*v.* 暗示，表明
infer [ɪn'fɜ:(r)]	*v.* 推断；暗示
trend [trend]	*n.* 趋势
tendency ['tendənsi]	*n.* 趋势，倾向
popularity [ˌpɒpju'lærəti]	*n.* 流行
prevail [prɪ'veɪl]	*v.* 流行，盛行
initial [ɪ'nɪʃ(ə)l]	*adj.* 最初的
immediate [ɪ'mi:diət]	*adj.* 立即的
specific [spə'sɪfɪk]	*adj.* 特定的，明确的
detail ['di:teɪl]	*n.* 细节
familiar [fə'mɪliə(r)]	*adj.* 熟悉的
inferior [ɪn'fɪəriə(r)]	*adj.* 较差的，较低的

superior [suːˈpɪəriə(r)]	*adj.* 较高的，较好的
inevitable [ɪnˈevɪtəb(ə)l]	*adj.* 不可避免的
dramatic [drəˈmætɪk]	*adj.* 戏剧性的；突然的；引人注目的
excessive [ɪkˈsesɪv]	*adj.* 过度的，过分的
massive [ˈmæsɪv]	*adj.* 大量的，巨大的
considerable [kənˈsɪdərəb(ə)l]	*adj.* 相当大的，相当多的
abundant [əˈbʌndənt]	*adj.* 大量的，丰富的
overwhelming [ˌəʊvəˈwelmɪŋ]	*adj.* 势不可挡的，压倒性的
sufficient [səˈfɪʃ(ə)nt]	*adj.* 充足的 （self-sufficient *adj.* 自给自足的）
adequate [ˈædɪkwət]	*adj.* 充足的，充分的
moderate [ˈmɒdərət]	*adj.* 温和的
stable [ˈsteɪb(ə)l]	*adj.* 稳定的
constant [ˈkɒnstənt]	*adj.* 不变的，恒定的
lack [læk]	*n.* 缺乏
deficiency [dɪˈfɪʃ(ə)nsi]	*n.* 缺乏，不足 （deficit *n.* 赤字，亏损）
scarce [skeəs]	*adj.* 缺乏的，不足的
sparse [spɑːs]	*adj.* 稀少的
spare [speə(r)]	*adj.* 闲置的；空余的
tempt [tempt]	*v.* 引诱，吸引
attempt [əˈtempt]	*v.* 尝试
occur [əˈkɜː(r)]	*v.* 发生，出现
urge [ɜːdʒ]	*v.* 催促，推进
fulfill [fʊlˈfɪl]	*v.* 履行，执行
access [ˈækses]	*n.* 通道；机会

accommodate [ə'kɒmədeɪt]	*v.* 容纳
attract [ə'trækt]	*v.* 吸引，引起……的好感
appeal [ə'pi:l]	*n.* 吸引力；上诉
bear [beə(r)]	*v.* 忍受，承担
endure [ɪn'djʊə(r)]	*v.* 忍受，容忍
claim [kleɪm]	*v.* 声称
convey [kən'veɪ]	*v.* 传达，传送
deliver [dɪ'lɪvə(r)]	*v.* 传送
expose [ɪk'spəʊz]	*v.* 暴露，揭露
extend [ɪk'stend]	*v.* 延伸，伸展
extract ['ekstrækt]	*v.* 提取，提炼
distract [dɪ'strækt]	*v.* 转移（注意力）；使分心
involve [ɪn'vɒlv]	*v.* 包含，涉及
integrate ['ɪntɪgreɪt]	*v.* 合并，融入
unite [ju'naɪt]	*v.* 联合
track [træk]	*v.* 追踪　*n.* 小道
resume [rɪ'zju:m]	*v.* 重新开始，继续
option ['ɒpʃ(ə)n]	*n.* 选择 （optional *n.* 可选择的）
commitment [kə'mɪtmənt]	*n.* 承诺，责任
engagement [ɪn'geɪdʒmənt]	*n.* 约定
range [reɪndʒ]	*n.* 范围
tension ['tenʃ(ə)n]	*n.* 紧张，焦虑
intense [ɪn'tens]	*adj.* 强烈的；紧张的
intention [ɪn'tenʃ(ə)n]	*n.* 意图，打算
internal [ɪn'tɜ:n(ə)l]	*adj.* 内部的

temporary ['temprəri]	*adj.* 临时的，短暂的
transient ['trænziənt]	*adj.* 短暂的，临时的
transit ['trænzɪt]	*n.* 运输，运送　*v.* 穿过，经过
transmit [trænz'mɪt]	*v.* 传输，传送
except for	除了
nonetheless [ˌnʌnðə'les]	*adv.* 尽管如此，但是
whereas [ˌweər'æz]	*conj.* 但是
regardless of	不管
occasionally [ə'keɪʒnəli]	*adv.* 偶尔
eventually [ɪ'ventʃuəli]	*adv.* 最后，终于
ultimately ['ʌltɪmətli]	*adv.* 最终

扫码听音

第三章
雅思真题分类核心词

只要提到考古，大概率会读到 excavate（挖掘）这个词。

只要是关于人体健康的文章，大概率会碰到 immunity（免疫力）这个词。

只要是关于动植物的文章，大概率会出现 adapt（适应）这个词，因为它是 Evolution Theory（进化论）的核心。

这些单词可能不构成出题考点，但对于理解文章内容极度重要。

而且，由于这些单词会在同一主题下的不同文章中高频反复出现，所以将同一主题单词进行模块背记的投入产出比很高，可达到事半功倍的效果。

考古学

archaeology [ˌɑːki'ɒlədʒi]	*n.* 考古学
ancient ['eɪnʃənt]	*adj.* 古代的；古老的
ancestor ['ænsestə(r)]	*n.* 祖先
antique [æn'tiːk]	*adj.* 古老的；老式的
excavate ['ekskəveɪt]	*v.* 挖掘，发掘
fossil ['fɒs(ə)l]	*n.* 化石
artefact ['ɑːtɪfækt]	*n.* 手工制品，人造物
scatter ['skætə(r)]	*v.* 分散，散落
segment ['segmənt]	*n.* 部分
fraction ['frækʃn]	*n.* 一小部分
fragment ['frægmənt]	*n.* 碎片，片段
debris ['debriː]	*n.* 残留物
remain [rɪ'meɪn]	*v.* 遗留，剩余　*n.* 遗留物，残骸
anatomy [ə'nætəmi]	*n.* 结构，解剖学
skeleton ['skelɪt(ə)n]	*n.* 骨架，骨骼
skull [skʌl]	*n.* 头（盖）骨，脑袋

evidence ['evɪdəns]	*n.* 证据，迹象
clue [kluː]	*n.* 线索，提示
cue [kjuː]	*v./n.* 暗示，提示
hint [hɪnt]	*n.* 提示；征兆
trace [treɪs]	*n.* 痕迹；微量　*v.* 查出，追溯
symbol ['sɪmb(ə)l]	*n.* 符号；标志
date [deɪt]	*n.* 日期　*v.* 确定年代
reveal [rɪ'viːl]	*v.* 披露，展现
represent [ˌreprɪ'zent]	*v.* 意味着，代表；占据
interpret [ɪn'tɜːprət]	*v.* 理解；解释；口译
decipher [dɪ'saɪfə(r)]	*v.* 破译；辨认

动物植物

ecosystem ['iːkəʊsɪstəm]	*n.* 生态系统
species ['spiːʃiːz]	*n.* 物种
diversity [daɪ'vɜːsəti]	*n.* 多样性；差异化
symbiotic [ˌsɪmbaɪ'ɒtɪk]	*adj.* 共生的，共栖的
coexist [ˌkəʊɪg'zɪst]	*n.* 共存，共处
behavior [bɪ'heɪvjə(r)]	*n.* 行为，举止
mechanism ['mekənɪzəm]	*n.* 机制
competition [ˌkɒmpə'tɪʃ(ə)n]	*n.* 竞争，比赛
rival ['raɪv(ə)l]	*n.* 敌手，对手
stimulus ['stɪmjələs]	*n.* 刺激 （stimuli 为复数形式）
catalyst ['kætəlɪst]	*n.* 诱因，诱导者
adapt [ə'dæpt]	*v.* 适应
adopt [ə'dɒpt]	*v.* 采用；领养
optimal ['ɒptɪməl]	*adj.* 最佳的，最优的
evolve [ɪ'vɒlv]	*v.* 进化
survive [sə'vaɪv]	*v.* 存活，生存

revive [rɪ'vaɪv]	*v.* 复苏，恢复，复兴
origin ['ɒrɪdʒɪn]	*n.* 根源，源头，（信息）来源
native ['neɪtɪv]	*adj.* 本土的；天生的
exotic [ɪg'zɒtɪk]	*adj.* 异国的，外来的
alien ['eɪliən]	*adj.* 陌生的；异域的
habitat ['hæbɪtæt]	*n.* 栖息地
inhabit [ɪn'hæbɪt]	*v.* 栖息
presence ['prez(ə)ns]	*n.* 存在；仪态
absence ['æbsəns]	*n.* 缺乏，缺席
invasion [ɪn'veɪʒ(ə)n]	*n.* 入侵，侵略
disperse [dɪ'spɜːs]	*v.* 分散，驱散
scatter ['skætə(r)]	*v.* 分散，散播
distribute [dɪ'strɪbjuːt]	*v.* 分布；分发
migrate [maɪ'greɪt]	*v.* 迁移，移民
distinct [dɪ'stɪŋkt]	*adj.* 清楚的；不同的
preservation [ˌprezə'veɪʃ(ə)n]	*n.* 保护；保持；保藏
conservation [ˌkɒnsə'veɪʃ(ə)n]	*n.* 保护，守恒
fungus ['fʌŋgəs]	*n.* 真菌，菌类 （fungi 为复数）
flora ['flɔːrə]	*n.* 植物群
vegetation [ˌvedʒə'teɪʃ(ə)n]	*n.* 植被，植物
botanist ['bɒtənɪst]	*n.* 植物学家
photosynthesis [ˌfəʊtəʊ'sɪnθəsɪs]	*n.* 光合（作用）
convert [kən'vɜːt]	*v.* 转化
germinate ['dʒɜːmɪneɪt]	*v.* 发芽，开始生长
bloom [bluːm]	*v.* 开花
pollen ['pɒlən]	*n.* 花粉
bud [bʌd]	*n.* 芽，花蕾
toxic ['tɒksɪk]	*adj.* 有毒的

fauna ['fɔːnə]	*n.* 动物群
mammal ['mæm(ə)l]	*n.* 哺乳动物
reptile ['reptaɪl]	*n.* 爬行动物
amphibian [æm'fɪbiən]	*n.* 两栖动物
vertebrate ['vɜːtɪbrət]	*n.* 脊椎动物
mollusk ['mɒləsk]	*n.* 软体动物
insect ['ɪnsekt]	*n.* 昆虫
carnivore ['kɑːnɪvɔː(r)]	*n.* 食肉动物
herbivore ['hɜːbɪvɔː(r)]	*n.* 食草动物
predator ['predətə(r)]	*n.* 捕食者，捕食性动物
prey [preɪ]	*n.* 猎物
herd [hɜːd]	*n.* 兽群，畜群
hatch [hætʃ]	*v.* 孵化，孵出
larvae ['lɑːviː]	*n.* 幼虫
embryo ['embriəʊ]	*n.* 胚胎；萌芽状态
offspring ['ɒfsprɪŋ]	*n.* 幼崽；幼苗
mature [mə'tʃʊə(r)]	*adj.* 成熟的
pregnant ['pregnənt]	*adj.* 怀孕的
reproduce [ˌriːprə'djuːs]	*v.* 繁殖；复制；重现
breed [briːd]	*v.* 哺育　*n.* 品种（尤指人工培育的狗、猫与牲畜）
aquatic [ə'kwætɪk]	*adj.* 水生的
marine [mə'riːn]	*adj.* 海生的，海产的
algae ['ældʒiː]	*n.* 水藻
plankton ['plæŋktən]	*n.* 浮游生物
organism ['ɔːgənɪzəm]	*n.* 有机体，生物
organ ['ɔːgən]	*n.* 器官
tissue ['tɪʃuː]	*n.*（动植物细胞的）组织；手巾纸
fin [fɪn]	*n.* 鱼鳍

gill [gɪl]	*n.* 鳃
beak [biːk]	*n.*（鸟）喙
tusk [tʌsk]	*n.* 长牙
claw [klɔː]	*n.* 爪子
limb [lɪm]	*n.* 肢；腿；臂；翼
fur [fɜː(r)]	*n.* 皮毛
feather ['feðə(r)]	*n.* 羽毛
coat [kəʊt]	*n.* 外衣；皮毛
stripe [straɪp]	*n.* 条纹
pouch [paʊtʃ]	*n.* 育儿袋；小袋
sensor ['sensə(r)]	*n.* 传感器 （sense *n.* 感觉；感官）
auditory ['ɔːdətri]	*adj.* 听觉的
acoustic [ə'kuːstɪk]	*adj.* 听觉的，声音的
visual ['vɪʒuəl]	*adj.* 视觉的，视力的
illuminate [ɪ'luːmɪneɪt]	*v.* 照亮；阐明 （luminescent *adj.* 发冷光的）
taste [teɪst]	*n.* 味道　*v.* 品尝
nocturnal [nɒk'tɜːn(ə)l]	*adj.* 夜间的，夜行的
sonar ['səʊnɑː(r)]	*n.* 声呐
imitate ['ɪmɪteɪt]	*v.* 模仿
camouflage ['kæməflɑːʒ]	*n./v.* 伪装
disguise [dɪs'gaɪz]	*n./v.* 伪装
hibernation [ˌhaɪbə'neɪʃ(ə)n]	*n.* 冬眠；蛰居

医疗健康

inherit [ɪn'herɪt]	*v.* 继承，经遗传获得（品质，身体特征等）
innate [ɪ'neɪt]	*adj.* 先天的，固有的

instinct ['ɪnstɪŋkt]	*n.* 本能，天性
retain [rɪ'teɪn]	*v.* 保持；保存
mutate [mjuː'teɪt]	*v.* 转变，（使）突变
nucleus ['njuːkliəs]	*n.* 核；细胞核；原子核 （nuclei 为复数）
cell [sel]	*n.* 细胞
microbe ['maɪkrəʊb]	*n.* 细菌，微生物
bacterium [bæk'tɪəriəm]	*n.* 细菌 （bacteria 为复数）
virus ['vaɪrəs]	*n.* 病毒
stomach ['stʌmək]	*n.* 胃
kidney ['kɪdni]	*n.* 肾
lung [lʌŋ]	*n.* 肺
liver ['lɪvə(r)]	*n.* 肝
gut [gʌt]	*n.* 肠道
immune [ɪ'mjuːn]	*adj.* 免疫的
metabolic [ˌmetə'bɒlɪk]	*adj.* 新陈代谢的
diet ['daɪət]	*n.* 饮食　*v.* 节食
nutrient ['njuːtriənt]	*adj.* 营养的　*n.* 养分
protein ['prəʊtiːn]	*n.* 蛋白质
obese [əʊ'biːs]	*adj.* 肥胖的，臃肿的
allergy ['ælədʒi]	*n.* 过敏反应
vulnerable ['vʌlnərəbl]	*adj.* 脆弱的；易受伤的
fragile ['frædʒaɪl]	*adj.* 易损的；纤巧美丽的；虚弱的
physical ['fɪzɪk(ə)l]	*adj.* 身体的；物质的
psychological [ˌsaɪkə'lɒdʒɪk(ə)l]	*adj.* 心理的；精神的
mental ['ment(ə)l]	*adj.* 思想的；脑力的
well-being [wel'biːɪŋ]	*n.* 健康；幸福
hygiene ['haɪdʒiːn]	*n.* 卫生；卫生学

sanitation [ˌsænɪ'teɪʃ(ə)n]	*n.* 公共卫生；环境卫生
plague [pleɪg]	*n.* 瘟疫　*v.* 困扰
epidemic [ˌepɪ'demɪk]	*n.* 流行病；盛行　*adj.* 盛行的
infect [ɪn'fekt]	*v.* 传染；污染
symptom ['sɪmptəm]	*n.* 症状；征兆
suffer ['sʌfə(r)]	*v.* 经受；受苦
chronic ['krɒnɪk]	*adj.* 慢性的，长期的
parasite ['pærəsaɪt]	*n.* 寄生虫
host [həʊst]	*n.* 宿主；主人
pesticide ['pestɪsaɪd]	*n.* 杀虫剂，农药
antibiotic [ˌæntibaɪ'ɒtɪk]	*n.* 抗生素
medical ['medɪk(ə)l]	*adj.* 医学的，医疗的
remedy ['remədi]	*n./v.* 治疗；纠正，补救
surgery ['sɜːdʒəri]	*n.* 外科手术
vaccine ['væksiːn]	*n.* 疫苗
recover [rɪ'kʌvə(r)]	*v.* 恢复；康复
perish ['perɪʃ]	*v.* 灭亡；毁灭
decay [dɪ'keɪ]	*n./v.* 衰败；腐烂
mortality [mɔː'tæləti]	*n.* 死亡人数；死亡率
fatality [fə'tæləti]	*n.* （灾难、事故中的）死亡；致命性

天文地理

astronomy [ə'strɒnəmi]	*n.* 天文学
astronomer [ə'strɒnəmə(r)]	*n.* 天文学家，宇航员
explore [ɪk'splɔː(r)]	*v.* 探索
exploit [ɪk'splɔɪt]	*v.* 开拓；利用
probe [prəʊb]	*v.* 调查；探索
cosmic ['kɒzmɪk]	*adj.* 宇宙的

galaxy ['gæləksi]	*n.* 星系；银河
cluster ['klʌstə(r)]	*n.* 组，簇；星团
solar ['səʊlə(r)]	*adj.* 太阳的
moon [mu:n]	*n.* 卫星；月亮
asteroid ['æstərɔɪd]	*n.* 小行星
comet ['kɒmɪt]	*n.* 彗星
meteorite ['mi:tiəraɪt]	*n.* 陨石；流星
orbit ['ɔ:bɪt]	*n.*（环绕地球、太阳等运行的）轨道
rotate [rəʊ'teɪt]	*v.*（使）旋转，（使）转动
tilt [tɪlt]	*v.*（使）倾斜；（使）倾向于
axis ['æksɪs]	*n.* 轴线；对称轴
radius ['reɪdiəs]	*n.* 半径；半径范围
diameter [daɪ'æmɪtə(r)]	*n.* 直径
equator [ɪ'kweɪtə(r)]	*n.* 赤道
terrestrial [tə'restriəl]	*adj.* 陆地的；地球的
gravity ['grævəti]	*n.* 重力
magnetic [mæg'netɪk]	*adj.* 磁场的；磁的
core [kɔ:(r)]	*n.* 地核
mantle ['mænt(ə)l]	*n.* 地幔
crust [krʌst]	*n.* 地壳
atmosphere ['ætməsfɪə(r)]	*n.* 大气圈；气氛
lithosphere ['lɪθəsfɪə(r)]	*n.* 岩石圈
hydrosphere ['haɪdrəʊsfɪə(r)]	*n.* 水圈
composition [ˌkɒmpə'zɪʃ(ə)n]	*n.* 构成，成分
component [kəm'pəʊnənt]	*n.* 组成部分，成分
compound ['kɒmpaʊnd]	*n.* 混合物，化合物
particle ['pɑ:tɪk(ə)l]	*n.* 微粒；粒子
molecule ['mɒlɪkju:l]	*n.* 分子

nuclear ['nju:kliə(r)]	*adj.* 核的，核能的
atom ['ætəm]	*n.* 原子
ion ['aɪən]	*n.* 离子
element ['elɪmənt]	*n.* 元素
hydrogen ['haɪdrədʒən]	*n.* 氢
oxygen ['ɒksɪdʒən]	*n.* 氧
carbon ['kɑ:bən]	*n.* 碳
silicon ['sɪlɪkən]	*n.* 硅
helium ['hi:liəm]	*n.* 氦
nitrogen ['naɪtrədʒən]	*n.* 氮
calcium ['kælsiəm]	*n.* 钙
sulfur ['sʌlfə(r)]	*n.* 硫
methane ['mi:θeɪn]	*n.* 甲烷，沼气
ozone ['əʊzəʊn]	*n.* 臭氧
metal ['met(ə)l]	*n.* 金属
iron ['aɪən]	*n.* 铁
copper ['kɒpə(r)]	*n.* 铜
bronze [brɒnz]	*n.* 青铜
nickel ['nɪk(ə)l]	*n.* 镍
mercury ['mɜ:kjəri]	*n.* 水银
volcanic [vɒl'kænɪk]	*adj.* 火山的
seismic ['saɪzmɪk]	*adj.* 地震的；地震引起的
lava ['lɑ:və]	*n.* 火山岩浆
magma ['mægmə]	*n.* 岩浆
thermal ['θɜ:m(ə)l]	*adj.* 热的，热量的
dynamic [daɪ'næmɪk]	*adj.* 充满活力的；动态的
locomotion [ˌləʊkə'məʊʃ(ə)n]	*n.* 运动；移动
erupt [ɪ'rʌpt]	*v.* 喷发；爆发

release [rɪ'li:s]	*v.* 释放
emit [i'mɪt]	*v.* 排放，散发
mass [mæs]	*n.* 团，块；一大群人
volume ['vɒlju:m]	*n.* 容积；总量
bulk [bʌlk]	*n.* 主体，大部分
content ['kɒntent]	*n.* 内容；含量
density ['densəti]	*n.* 密度
humidity [hju:'mɪdəti]	*n.* 湿度
velocity [və'lɒsəti]	*n.* 速率
accelerate [ək'seləreɪt]	*v.* 加速
substance ['sʌbstəns]	*n.* 物质，材料
property ['prɒpəti]	*n.* 特性；所有物，财产
rigid ['rɪdʒɪd]	*adj.* 死板的，僵硬的
flexible ['fleksəb(ə)l]	*adj.* 灵活的
geology [dʒi'ɒlədʒi]	*n.* 地质学
continent ['kɒntɪnənt]	*n.* 洲，大陆
drift [drɪft]	*v.* 漂移，漂流
collide [kə'laɪd]	*v.* 碰撞，撞击
pattern ['pæt(ə)n]	*n.* 模式；图形
scenario [sə'nɑ:riəʊ]	*n.* 设想；场景
formation [fɔ:'meɪʃ(ə)n]	*n.* 形成，构成
transform [træns'fɔ:m]	*v.* 使改观，使变形
horizontal [ˌhɒrɪ'zɒnt(ə)l]	*adj.* 水平的
vertical ['vɜ:tɪk(ə)l]	*adj.* 垂直的
adjacent [ə'dʒeɪs(ə)nt]	*adj.* 临近的，毗邻的
landscape ['lændskeɪp]	*n.* 风景
surrounding [sə'raʊndɪŋ]	*adj.* 周围的
terrain [tə'reɪn]	*n.* 地形，地势

glacier ['glæsiə(r)]	*n.* 冰河，冰川
plain [pleɪn]	*n.* 平原
crater ['kreɪtə(r)]	*n.* 火山口
fringe [frɪndʒ]	*n.* 边缘
ridge [rɪdʒ]	*n.* 山脊；山脉
reef [ri:f]	*n.* 礁石；矿脉
valley ['væli]	*n.* 山谷
slope [sləʊp]	*n.* 斜坡
crack [kræk]	*n.* 裂缝　*v.* 破裂
crevice ['krevɪs]	*n.* 裂缝，裂隙
flaw [flɔ:]	*n.* 裂痕，瑕疵
erosion [ɪ'rəʊʒ(ə)n]	*n.* 侵蚀，腐蚀
sediment ['sedɪmənt]	*n.* 沉淀物
deposit [dɪ'pɒzɪt]	*n.* 沉积物；存款
melt [melt]	*v.* 使融化
thaw [θɔ:]	*v.* 使融化；解冻
dissolve [dɪ'zɒlv]	*v.* 解除；使溶解
filter ['fɪltə(r)]	*v.* 过滤　*n.* 过滤器
isolate ['aɪsəleɪt]	*v.* 孤立，使分离
insulate ['ɪnsjuleɪt]	*v.*（使）隔离，绝缘
evaporate [ɪ'væpəreɪt]	*v.*（使）蒸发，挥发
condense [kən'dens]	*v.* 凝结；压缩
precipitate [prɪ'sɪpɪteɪt]	*v.* 加速；使沉淀 （precipitation *n.* 降雨）
circulate ['sɜ:kjəleɪt]	*v.* 环流，循环
spectrum ['spektrəm]	*n.* 光谱；范围
transmit [trænz'mɪt]	*v.* 传输，传送
absorb [əb'zɔ:b]	*v.* 吸收

diffusion [dɪ'fjuːʒn]	*n.* 扩散，传播
reflect [rɪ'flekt]	*v.* 反射，反映
radiation [ˌreɪdi'eɪʃn]	*n.* 辐射，放射线
transparent [træns'pærənt]	*adj.* 透明的，清透的
ultraviolet [ˌʌltrə'vaɪələt]	*adj.* 紫外的，紫外线的
mineral ['mɪnərəl]	*n.* 矿物质
clay [kleɪ]	*n.* 粘土，陶土
silt [sɪlt]	*n.* 淤泥，泥沙
mud [mʌd]	*n.* 淤泥，泥浆
gravel ['græv(ə)l]	*n.* 碎石，沙砾
granite ['grænɪt]	*n.* 花岗岩
limestone ['laɪmstəʊn]	*n.* 石灰岩
acid ['æsɪd]	*adj.* 酸的
arid ['ærɪd]	*adj.* 干燥的，干旱的
drought [draʊt]	*n.* 干旱
flood [flʌd]	*n.* 洪水
episode ['epɪsəʊd]	*n.* 一段时期，一段经历
spell [spel]	*n.* 一段时间；咒语 *v.* 拼写
tropic ['trɒpɪk]	*n.* 热带，热带地区
hurricane ['hʌrɪkən]	*n.* 飓风
tornado [tɔː'neɪdəʊ]	*n.* 龙卷风，大旋风
cyclone ['saɪkləʊn]	*n.* 气旋，龙卷风
tsunami [tsuː'nɑːmi]	*n.* 海啸，海震

人文历史

anthropology [ˌænθrə'pɒlədʒi]	*n.* 人类学
primitive ['prɪmətɪv]	*adj.* 原始的，远古的
preliminary [prɪ'lɪmɪnəri]	*adj.* 初步的

rudimental [ˌruːdɪ'mentəl]	*adj.* 初步的；基本的
forage ['fɒrɪdʒ]	*n.* 饲料　*v.* 觅食
tribe [traɪb]	*n.* 部落
chief [tʃiːf]	*n.* 酋长　*adj.* 为首的，主要的
monumental [ˌmɒnju'ment(ə)l]	*adj.* 纪念性的
ritual ['rɪtʃuəl]	*n.* 典礼；习惯
religion [rɪ'lɪdʒən]	*n.* 宗教
sacred ['seɪkrɪd]	*adj.* 神圣的；宗教的
ceremony ['serəməni]	*n.* 礼仪，礼节
conventional [kən'venʃən(ə)l]	*adj.* 传统的；依照惯例的
ethnic ['eθnɪk]	*adj.* 种族的，民族的
ethic ['eθɪk]	*n.* 伦理标准，道德规范
military ['mɪlətri]	*n.* 军队　*adj.* 军事的
weapon ['wepən]	*n.* 武器
axe [æks]	*n.* 斧子
sword [sɔːd]	*n.* 剑
spear [spɪə(r)]	*n.* 矛
bow [bəʊ]	*n.* 弓；鞠躬
conquer ['kɒŋkə(r)]	*v.* 征服；击败
occupy ['ɒkjupaɪ]	*v.* 占领
succumb [sə'kʌm]	*v.* 屈服，屈从
retreat [rɪ'triːt]	*v.* 撤退，后退
colony ['kɒləni]	*n.* 殖民地
immigrant ['ɪmɪgrənt]	*n.* 移民
dwell [dwel]	*v.* 居住，栖身
agriculture ['ægrɪkʌltʃə(r)]	*n.* 农业
cultivate ['kʌltɪveɪt]	*v.* 开垦；培育
domestication [dəˌmestɪ'keɪʃn]	*n.* 驯养；教化

livestock ['laɪvstɒk]	*n.* 牲畜，家畜
cattle ['kæt(ə)l]	*n.* 牛，家牛
grazing ['greɪzɪŋ]	*n.* 放牧；牧草
possession [pə'zeʃ(ə)n]	*n.* 拥有；所有物
accumulate [ə'kjuːmjəleɪt]	*v.* 积累，积攒
famine ['fæmɪn]	*n.* 饥荒
deprivation [ˌdeprɪ'veɪʃn]	*n.* 贫困，匮乏
fertile ['fɜːtaɪl]	*adj.* 肥沃的，富饶的
fertilizer ['fɜːtəlaɪzə(r)]	*n.* 肥料，化肥
irrigate ['ɪrɪgeɪt]	*v.* 灌溉
dam [dæm]	*n.* 大坝
reservoir ['rezəvwɑː(r)]	*n.* 水库
tunnel ['tʌn(ə)l]	*n.* 隧道；地道
ditch [dɪtʃ]	*n.* 沟渠
canal [kə'næl]	*n.* 运河；灌溉渠
canoe [kə'nuː]	*n.* 独木舟
cereal ['sɪəriəl]	*n.* 麦片
grain [greɪn]	*n.* 谷物
wheat [wiːt]	*n.* 小麦
barley ['bɑːli]	*n.* 大麦
mill [mɪl]	*n.* 磨坊
grind [graɪnd]	*v.* 磨碎，碾碎
flour ['flaʊə(r)]	*n.* 面粉
raw [rɔː]	*adj.* 生的；未加工的
innovation [ˌɪnə'veɪʃ(ə)n]	*n.* 革新，创新
renaissance [rɪ'neɪs(ə)ns]	*n.* 文艺复兴
aesthetic [iːs'θetɪk]	*adj.* 审美的，美学的
impressionist [ɪm'preʃənɪst]	*n.* 印象派画家

stroke [strəʊk]	*n.* 一笔；（使用武器的）击，打
artisan [ˌɑːtɪˈzæn]	*n.* 工匠
craft [krɑːft]	*n.* 工艺，手艺
manufacture [ˌmænjuˈfæktʃə(r)]	*n.* 生产，制造
decoration [ˌdekəˈreɪʃ(ə)n]	*n.* 装饰
ornament [ˈɔːnəmənt]	*v.* 装饰
carve [kɑːv]	*v.* 雕刻
engrave [ɪnˈgreɪv]	*v.* 雕刻
sculpture [ˈskʌlptʃə(r)]	*n.* 雕像
statue [ˈstætʃuː]	*n.* 雕像
status [ˈsteɪtəs]	*n.* 地位；身份
portrait [ˈpɔːtreɪt]	*n.* 肖像，雕像
artificial [ˌɑːtɪˈfɪʃ(ə)l]	*adj.* 人工的，人造的
synthetic [sɪnˈθetɪk]	*adj.* 合成的，人造的
texture [ˈtekstʃə(r)]	*n.* 质地
flaw [flɔː]	*n.* 缺点；瑕疵
defect [ˈdiːfekt]	*n.* 缺点
vessel [ˈves(ə)l]	*n.* 容器；船；舰
pottery [ˈpɒtəri]	*n.* 陶器
ceramic [səˈræmɪk]	*n.* 陶瓷制品
marble [ˈmɑːb(ə)l]	*n.* 大理石
plaster [ˈplɑːstə(r)]	*n.* 石膏
crystal [ˈkrɪst(ə)l]	*n.* 水晶
quartz [kwɔːts]	*n.* 石英
plastic [ˈplæstɪk]	*n.* 塑料 *adj.* 塑料的
architecture [ˈɑːkɪtektʃə]	*n.* 建筑
layout [ˈleɪaʊt]	*n.* 布局，设计
outlay [ˈaʊtleɪ]	*n.* 经费；开支

profile ['prəʊfaɪl]	n. 侧影；轮廓
exterior [ɪk'stɪəriə(r)]	n. 外观，外部 adj. 外部的
style [staɪl]	n. 风格
dome [dəʊm]	n. 穹顶
arch [ɑːtʃ]	n. 拱门
vault [vɔːlt]	n. 拱顶
pillar ['pɪlə(r)]	n. 柱子，支柱
beam [biːm]	n. 横梁
dominant ['dɒmɪnənt]	adj. 主导的，占优势的
prominent ['prɒmɪnənt]	adj. 重要的；著名的
prestige [pre'stiːʒ]	n. 声望 adj. 受尊重的
prevail [prɪ'veɪl]	v. 盛行，流行；战胜

社会经济

economic [ˌiːkə'nɒmɪk]	adj. 经济的
trade [treɪd]	n. 贸易 v. 做买卖
transaction [træn'zækʃ(ə)n]	n. 交易；业务
exchange [ɪks'tʃeɪndʒ]	n. 交换；兑换
commerce ['kɒmɜːs]	n. 贸易，商业
commodity [kə'mɒdəti]	n. 商品，货物
transport ['trænspɔːt]	n./v. 运输，运送
deliver [dɪ'lɪvə(r)]	v. 投递；运送；交付
import ['ɪmpɔːt]	n./v. 进口
merchant ['mɜːtʃənt]	n. 商人
patron ['peɪtrən]	n. 赞助人
consume [kən'sjuːm]	v. 消耗；消费
employ [ɪm'plɔɪ]	v. 雇佣
recruit [rɪ'kruːt]	v. 招聘；招募

dismiss [dɪs'mɪs]	*v.* 解雇
vocation [vəʊ'keɪʃ(ə)n]	*n.* 职业
vacation [veɪ'keɪʃ(ə)n]	*n.* 假期
profession [prə'feʃn]	*n.* 职业
occupation [ˌɒkju'peɪʃ(ə)n]	*n.* 职业；占领；居住
financial [faɪ'nænʃ(ə)l]	*adj.* 财政的，金融的
lubricate ['lu:brɪkeɪt]	*v.* 润滑；促进
lucrative ['lu:krətɪv]	*adj.* 获利多的，赚大钱的
capital ['kæpɪt(ə)l]	*n.* 资本；首都
budget ['bʌdʒɪt]	*n.* 预算
interest ['ɪntrəst]	*n.* 利益；利息；兴趣
benefit ['benɪfɪt]	*n.* 利益；好处
profit ['prɒfɪt]	*n.* 利润
affordable [ə'fɔ:dəb(ə)l]	*adj.* 负担得起的；买得起的
donate [dəʊ'neɪt]	*v.* 捐赠；捐献
sponsor ['spɒnsə(r)]	*n.* 投资人
subsidize ['sʌbsɪdaɪz]	*v.* 资助，补助
tariff ['tærɪf]	*n.* 关税
custom ['kʌstəm]	*n.* 海关；风俗
inflation [ɪn'fleɪʃ(ə)n]	*n.* 通货膨胀
wholesale ['həʊlseɪl]	*n./v.* 批发　*adj.* 批发的
retail ['ri:teɪl]	*n./v.* 零售
vendor ['vendə(r)]	*n.* 摊贩
auction ['ɔ:kʃ(ə)n]	*n./v.* 拍卖
bid [bɪd]	*v.* 竞标；出价
loan [ləʊn]	*n.* 贷款　*v.* 借出
installment [ɪn'stɔ:lmənt]	*n.* 分期付款；安装
coupon ['ku:pɒn]	*n.* 优惠券

bonus ['bəʊnəs]	*n.* 奖金
allowance [ə'laʊəns]	*n.* 津贴；补贴
regulate ['regjuleɪt]	*v.* 调节；管理
administration [əd,mɪnɪ'streɪʃ(ə)n]	*n.* 管理
manage ['mænɪdʒ]	*v.* 管理
arrange [ə'reɪndʒ]	*v.* 安排；准备
organize ['ɔ:gənaɪz]	*v.* 组织；安排
manipulate [mə'nɪpjuleɪt]	*v.* 操纵；控制
mechanism ['mekənɪzəm]	*n.* 机制；方法
stage [steɪdʒ]	*n.* 阶段
executive [ɪg'zekjətɪv]	*adj.* 管理的；执行的
implement ['ɪmplɪment]	*v.* 实施；执行
handle ['hænd(ə)l]	*v.* 处理；应付
assign [ə'saɪn]	*v.* 指派，分配；布置
pose [pəʊz]	*v.* 造成
impose [ɪm'pəʊz]	*v.* 强制实行；强加
associate [ə'səʊsieɪt]	*v.* 联合；联系
connect [kə'nekt]	*v.* 连接；联结
interact [,ɪntər'ækt]	*v.* 相互影响；互动
effective [ɪ'fektɪv]	*adj.* 有效的
efficient [ɪ'fɪʃ(ə)nt]	*adj.* 有效率的
stable ['steɪb(ə)l]	*adj.* 稳定的
sustain [sə'steɪn]	*v.* 维持；支撑 （sustainable *adj.* 可持续的）
maintain [meɪn'teɪn]	*v.* 维护；保持
retain [rɪ'teɪn]	*v.* 保持；保留
provision [prə'vɪʒ(ə)n]	*n.* 提供；准备
mutual ['mju:tʃuəl]	*adj.* 相互的；共同的

monopoly [mə'nɒpəli]	*n.* 垄断，垄断权
predict [prɪ'dɪkt]	*v.* 预言；预测
prospect ['prɒspekt]	*n.* 期望；前景
prosperity [prɒ'sperəti]	*n.* 繁荣；兴旺
flourish ['flʌrɪʃ]	*v.* 繁荣，昌盛
thrive [θraɪv]	*v.* 兴盛；繁荣
revive [rɪ'vaɪv]	*v.* 复苏；复兴
survive [sə'vaɪv]	*v.* 生存；存活
depression [dɪ'preʃn]	*n.* 沮丧；萧条，不景气
federal ['fedərəl]	*adj.* 联邦的
state [steɪt]	*n.* 国家；州　*v.* 陈述，申明
autonomous [ɔː'tɒnəməs]	*adj.* 自治的；自主的
justice ['dʒʌstɪs]	*n.* 正义
security [sɪ'kjʊərəti]	*n.* 安全
equal ['iːkwəl]	*adj.* 平等的
liberal ['lɪbərəl]	*adj.* 自由主义的；思想开明的
democratic [ˌdemə'krætɪk]	*adj.* 民主的
demographic [ˌdemə'græfɪk]	*adj.* 人口的，人口统计的
region ['riːdʒən]	*n.* 地区
territory ['terətri]	*n.* 领土，领地
private ['praɪvət]	*adj.* 私有的；私人的
inherit [ɪn'herɪt]	*v.* 继承
obligation [ˌɒblɪ'geɪʃ(ə)n]	*n.* 义务；责任
patent ['pæt(ə)nt]	*n.* 专利
celebrity [sə'lebrəti]	*n.* 名人
authority [ɔː'θɒrəti]	*n.* 权威；权力
legal ['liːg(ə)l]	*adj.* 法律的；合法的
legitimate [lɪ'dʒɪtɪmət]	*adj.* 合法的；正规的
legacy ['legəsi]	*n.* 遗产；遗赠

privilege ['prɪvəlɪdʒ]	*n.* 特权；光荣
grant [grɑ:nt]	*n.* 拨款；补助金
entitle [ɪn'taɪt(ə)l]	*v.* 赋予权利
rational ['ræʃ(ə)nəl]	*adj.* 理性的；合理的
moral ['mɒrəl]	*adj.* 道德的
virtue ['vɜ:tʃu:]	*n.* 美德
monitor ['mɒnɪtə(r)]	*v.* 监控；监视
supervise ['su:pəvaɪz]	*v.* 监督；管理
guidance ['gaɪd(ə)ns]	*n.* 指导；引导
comply [kəm'plaɪ]	*v.* 服从；遵从
deprive [dɪ'praɪv]	*v.* 剥夺；使丧失
overrule [ˌəʊvə'ru:l]	*v.* 否决；驳回
overturn [ˌəʊvə'tɜ:n]	*v.* 推翻
exclude [ɪk'sklu:d]	*v.* 排除
submit [səb'mɪt]	*v.* 顺从
permit [pə'mɪt]	*v.* 允许；许可
verify ['verɪfaɪ]	*v.* 核实；证明
valid ['vælɪd]	*adj.* 有效的；合理的
permanent ['pɜ:mənənt]	*adj.* 永久的
advocate ['ædvəkeɪt]	*v.* 提倡；拥护
oppose [ə'pəʊz]	*v.* 反对；抗争
witness ['wɪtnəs]	*n.* 目击者　*v.* 目睹；见证
civil ['sɪv(ə)l]	*adj.* 公民的；政府的
municipal [mju:'nɪsɪp(ə)l]	*adj.* 城市的；市政的
urban ['ɜ:bən]	*adj.* 城市的

教育科技

academic [ˌækə'demɪk]	*adj.* 学术的

faculty ['fæk(ə)lti]	*n.* 院，系；高校全体教师；能力
curriculum [kə'rɪkjələm]	*n.* 课程
theme [θi:m]	*n.* 主题
performance [pə'fɔ:məns]	*n.* 表现；表演
pursuit [pə'sju:t]	*n.* 追寻
seek [si:k]	*v.* 寻找；追求
inquiry [ɪn'kwaɪəri]	*n.* 询问；调查
consult [kən'sʌlt]	*v.* 咨询；商议
advise [əd'vaɪz]	*v.* 建议
recommend [ˌrekə'mend]	*v.* 推荐；建议
persuade [pə'sweɪd]	*v.* 说服；劝说
acquire [ə'kwaɪə(r)]	*v.* 获得；取得
obtain [əb'teɪn]	*v.* 获得；得到
acknowledge [ək'nɒlɪdʒ]	*v.* 承认；认可
recognize ['rekəgnaɪz]	*v.* 认识；承认
perceive [pə'si:v]	*v.* 察觉；意识到 （perception *n.* 感知；看法）
realize ['ri:əlaɪz]	*v.* 了解；意识到
trial ['traɪəl]	*n.* 试验；审判
experience [ɪk'spɪəriəns]	*n.* 经验；经历
intuitive [ɪn'tju:ɪtɪv]	*adj.* 直觉的
typical ['tɪpɪk(ə)l]	*adj.* 典型的
participate [pɑ:'tɪsɪpeɪt]	*v.* 参加；参与
conduct [kən'dʌkt]	*v.* 实施
experiment [ɪk'sperɪmənt]	*n.* 实验；尝试
random ['rændəm]	*adj.* 任意的；随机的
sample ['sɑ:mp(ə)l]	*n.*（抽查的）样品，样本
subject ['sʌbdʒɪkt]	*n.* 主题；科目

analysis [ə'næləsɪs]	*n.* 分析
diagnose ['daɪəgnəʊz]	*v.* 诊断；判断
detect [dɪ'tekt]	*v.* 发现；查明
record ['rekɔːd]	*n.&v.* 记录；记载
capable ['keɪpəb(ə)l]	*adj.* 有能力的
elaborate [ɪ'læbərət]	*adj.* 详尽的　*v.* 精心制作
inspire [ɪn'spaɪə(r)]	*v.* 鼓舞；激励
diligence ['dɪlɪdʒəns]	*n.* 勤奋
intelligence [ɪn'telɪdʒəns]	*n.* 智力；智慧
likelihood ['laɪklihʊd]	*n.* 可能性
release [rɪ'liːs]	*v.* 释放；放出；发布
press [pres]	*n.* 新闻界；新闻报道　*v.* 压迫；敦促
revise [rɪ'vaɪz]	*v.* 修改；调整
application [ˌæplɪ'keɪʃ(ə)n]	*n.* 申请
utilization [ˌjuːtəlaɪ'zeɪʃn]	*n.* 利用
technology [tek'nɒlədʒi]	*n.* 科技，技术
technique [tek'niːk]	*n.* 技巧；技术
devise [dɪ'vaɪz]	*v.* 设计，发明
instrument ['ɪnstrəmənt]	*n.* 仪器，工具；乐器
accurate ['ækjərət]	*adj.* 精准的，准确的
precise [prɪ'saɪs]	*adj.* 精确的，准确的
virtual ['vɜːtʃuəl]	*adj.* 虚拟的；事实上的；几乎……的
mathematical [ˌmæθə'mætɪk(ə)l]	*adj.* 数学的
algorithm ['ælgərɪðəm]	*n.* 算法，运算法则

扫码听音

第四章 雅思真题（A 类）通用核心词复习

本章是针对“剑桥雅思真题”全系列 A 类阅读文章的核心词集合。

当你学习并掌握了前三章的考点词和核心词之后，你会发现本章的生词较少，适用于你复习、拓展、查漏补缺。

请你用纸遮挡中文词义，按组（group）测试，看看自己能否见词明义。

如果你在本章的复习中发现生词较多，请先回到前两章，按逻辑词群记忆单词。

Group 1

abundant [ə'bʌndənt]	*adj.* 丰富的，充足的
abundance [ə'bʌndəns]	*n.* 充裕，丰富
accelerate [ək'seləreɪt]	*v.* 加速
accept [ək'sept]	*v.* 接受
acceptance [ək'septəns]	*n.* 接受
acceptable [ək'septəb(ə)l]	*adj.* 可接受的
access ['ækses]	*n.* 进入；使用权
accessible [ək'sesəb(ə)l]	*adj.* 可理解的；易接近的
inaccessible [ˌɪnæk'sesəb(ə)l]	*adj.* 无法进入的
accommodate [ə'kɒmədeɪt]	*v.* 容纳；使适应
accommodation [əˌkɒmə'deɪʃ(ə)n]	*n.* 住宿
accompany [ə'kʌmpəni]	*v.* 陪伴，伴随
accompanying [ə'kʌmpəniɪŋ]	*adj.* 附随的
accomplish [ə'kʌmplɪʃ]	*v.* 完成，实现
accomplished [ə'kʌmplɪʃt]	*adj.* 熟练的
accomplishment [ə'kʌmplɪʃmənt]	*n.* 成就

active ['æktɪv]	*adj.* 活跃的；积极的
activate ['æktɪveɪt]	*v.* 激活
inactive [ɪn'æktɪv]	*adj.* 不活跃的，不活动的
reactivity [ˌriːæk'tɪvəti]	*n.* 反应
proactive [ˌprəʊ'æktɪv]	*adj.* 主动出击的，先发制人的
radioactivity [ˌreɪdiəʊæk'tɪvəti]	*n.* 放射性，辐射能
actively ['æktɪvli]	*adv.* 积极地
activist ['æktɪvɪst]	*n.* 积极行动分子；激进主义派
adapt [ə'dæpt]	*v.* 适应
adapt to	适应
adapt for	调整；使适合于
adaptable [ə'dæptəb(ə)l]	*adj.* 有适应能力的，能适应的
adaptation [ˌædæp'teɪʃn]	*n.* 适应
adaptive [ə'dæptɪv]	*adj.* 适应的；适合的
addition [ə'dɪʃ(ə)n]	*n.* 添加；增加物
additional [ə'dɪʃən(ə)l]	*adj.* 附加的，额外的
adjunct ['ædʒʌŋkt]	*adj.* 附属的　*n.* 附属物
administer [əd'mɪnɪstə(r)]	*v.* 给予帮助；管理；施行
administrator [əd'mɪnɪstreɪtə(r)]	*n.* 管理者
adopt [ə'dɒpt]	*v.* 采用；采纳；收养
adoption [ə'dɒpʃn]	*n.* 采用
advocate ['ædvəkeɪt]	*v.* 提倡，主张　*n.* 拥护者
adept [ə'dept]	*adj.* 熟练的　*n.* 内行；能手
adequate ['ædɪkwət]	*adj.* 充足的
adequately ['ædɪkwətli]	*adv.* 充足地
inadequate [ɪn'ædɪkwət]	*adj.* 不足的，不充分的

appeal [ə'pi:l]	*v.* 上诉；呼吁　*n.* 吸引力
appealing [ə'pi:lɪŋ]	*adj.* 有吸引力的
apply [ə'plaɪ]	*v.* 应用
application [ˌæplɪ'keɪʃ(ə)n]	*n.* 应用；申请
applied [ə'plaɪd]	*adj.* 实用的
apply to	应用于
apparent [ə'pærənt]	*adj.* 明显的，表面上的
apparently [ə'pærəntli]	*adv.* 显然地

Group 2

abandon [ə'bændən]	*v.* 放弃，丢弃
abandoned [ə'bændənd]	*adj.* 被抛弃的；无约束的
abolish [ə'bɒlɪʃ]	*v.* 废除，撤销
absence ['æbsəns]	*n.* 缺席
in the absence of	在没有……的情况下
ailment ['eɪlmənt]	*n.* 疾病，小病
alien ['eɪliən]	*adj.* 国外的；相异的
alienation [ˌeɪliə'neɪʃ(ə)n]	*n.* 疏远，疏远感
alien species	外来物种
align [ə'laɪn]	*v.* 排整齐；使一致
realignment [ˌri:ə'laɪnmənt]	*n.* 重新排列
allergy ['ælədʒi]	*n.* 过敏反应
allergic [ə'lɜ:dʒɪk]	*adj.* 过敏的
be allergic to	对某物过敏
alleviate [ə'li:vieɪt]	*v.* 缓和，减轻
alter ['ɔ:ltə(r)]	*v.* 改变
alternative [ɔ:l'tɜ:nətɪv]	*adj.* 可替代的　*n.* 替代品
alternatively [ɔ:l'tɜ:nətɪvli]	*adv.* 二者择一地

avoid [ə'vɔɪd]	*v.* 避免
unavoidable [ˌʌnə'vɔɪdəb(ə)l]	*adj.* 不可避免的
blame [bleɪm]	*v.* 责备，归咎于
blast [blɑ:st]	*v.* 爆炸；严厉批判
calibrate ['kælɪbreɪt]	*v.* 校准，调整
challenge ['tʃælɪndʒ]	*n./v.* 挑战；质疑
clear [klɪə(r)]	*v.* 清理　*adj.* 清楚的，易懂的
clearance ['klɪərəns]	*n.* 清除；空隙
clearly ['klɪəli]	*adv.* 清楚地
competing [kəm'pi:tɪŋ]	*adj.* 相互冲突的
competitive [kəm'petətɪv]	*adj.* 有竞争力的；竞争的
competition [ˌkɒmpə'tɪʃ(ə)n]	*n.* 竞争
anti-competitive ['ænti kəm'petətɪv]	*adj.* 反竞争的
competitor [kəm'petɪtə(r)]	*n.* 竞争者
competent ['kɒmpɪtənt]	*adj.* 胜任的；有能力的；能干的
incompetent [ɪn'kɒmpɪtənt]	*adj.* 无能力的，无法胜任的
competency ['kɒmpɪtənsi]	*n.* 能力
conflict ['kɒnflɪkt]	*n.* 战斗；冲突
crucial ['kru:ʃ(ə)l]	*adj.* 至关重要的

Group 3

absolute ['æbsəlu:t]	*adj.* 绝对的，完全的
abstract ['æbstrækt]	*adj.* 抽象的　*n.* 摘要
academic [ˌækə'demɪk]	*adj.* 学术的
academic requirement	学术要求
academy [ə'kædəmi]	*n.* 学会，学院
account [ə'kaʊnt]	*n.* 记述；账户；解释

account for	对……作出解释；占到……
accountant [ə'kaʊntənt]	*n.* 会计师
accountability [əˌkaʊntə'bɪləti]	*n.* 责任
accuracy ['ækjərəsi]	*n.* 精确度，准确性
accurate ['ækjərət]	*adj.* 精确的
acute [ə'kjuːt]	*adj.* 敏锐的；严重的
auditor ['ɔːdɪtə(r)]	*n.* 审计员
amount [ə'maʊnt]	*n.* 数量，总额
amount to	合计，达到
appraisal [ə'preɪz(ə)l]	*n.* 评估
approach [ə'prəʊtʃ]	*n.* 方法；途径　*v.* 接近
approachable [ə'prəʊtʃəbl]	*adj.* 和蔼可亲的；可接近的
appropriate [ə'prəʊpriət]	*adj.* 合适的，恰当的
inappropriate [ˌɪnə'prəʊpriət]	*adj.* 不适当的
approximate [ə'prɒksɪmət]	*v.* 接近　*adj.* 大概的，近似的
approximately [ə'prɒksɪmətli]	*adv.* 大约；近于
apt [æpt]	*adj.* 恰当的；有……倾向的；聪明的
anticipate [æn'tɪsɪpeɪt]	*v.* 预测
unanticipated [ˌʌnæn'tɪsɪpeɪtɪd]	*adj.* 没有预料到的
appreciate [ə'priːʃieɪt]	*v.* 领会；欣赏；为……表示感激
appreciation [əˌpriːʃi'eɪʃn]	*n.* 欣赏；感激；领会
certain ['sɜːt(ə)n]	*adj.* 确定的；某种；某人　*pron.* 某些
ascertain [ˌæsə'teɪn]	*v.* 确定；查明
for certain	肯定地
collate [kə'leɪt]	*v.* 核对，校对
concept ['kɒnsept]	*n.* 概念
conceptual [kən'septʃuəl]	*adj.* 概念上的
constant ['kɒnstənt]	*adj.* 恒定的，不变的

constantly ['kɒnstəntli]	*adv.* 不间断地，一直
criteria [kraɪ'tɪəriə]	*n.* 标准 （criterion 的复数）

Group 4

acoustic [ə'ku:stɪk]	*adj.* 听觉的，声学的
acoustic insulation	隔音
altitude ['æltɪtju:d]	*n.* 高度；海拔
archipelago [ˌɑ:kɪ'peləgəʊ]	*n.* 群岛
architect ['ɑ:kɪtekt]	*n.* 建筑师
architecture ['ɑ:kɪtektʃə(r)]	*n.* 建筑设计；建筑学
artefact ['ɑ:tɪfækt]	*n.* 手工艺品，人工制品
artistic [ɑ:'tɪstɪk]	*adj.* 艺术的
artificial [ˌɑ:tɪ'fɪʃ(ə)l]	*adj.* 人造的
artificial intelligence	人工智能
auditory ['ɔ:dətri]	*adj.* 听觉的
audience ['ɔ:diəns]	*n.* 读者；观众
auditorium [ˌɔ:dɪ'tɔ:riəm]	*n.* 礼堂；观众席
bark [bɑ:k]	*n.* 树皮　*v.* 吠叫
basement ['beɪsmənt]	*n.* 地下室
base on	基于，在……的基础上
case-based [keɪs beɪst]	*adj.* 基于案例的
market-based ['mɑ:kɪt beɪst]	*adj.* 基于市场的
bolt [bəʊlt]	*n.* 闪电　*v.* 用螺栓固定
bolted ['bəʊltɪd]	*adj.* 用螺栓栓的
canvas ['kænvəs]	*n.* 画布；油画
chamber ['tʃeɪmbə(r)]	*n.* 房间，室
compass ['kʌmpəs]	*n.* 罗盘；指南针

current ['kʌrənt]	*n.* （水，气，电）流 *adj.* 当前的
currently ['kʌrəntli]	*adv.* 目前
convection current	对流
dam [dæm]	*n.* 水坝
electricity [ɪˌlek'trɪsəti]	*n.* 电力
electron [ɪ'lektrɒn]	*n.* 电子
electronically [ɪˌlek'trɒnɪkli]	*adv.* 电子地
encompass [ɪn'kʌmpəs]	*v.* 包围；环绕
all-encompassing [ˌɔːl ɪn'kʌmpəsɪŋ]	*adj.* 无所不包的
fluid ['fluːɪd]	*adj.* 流动的 *n.* 液体，流体
instrument ['ɪnstrəmənt]	*n.* 器具，仪器
instrumental [ˌɪnstrə'ment(ə)l]	*adj.* 用乐器演奏的；仪器的

Group 5

address [ə'dres]	*n.* 住址；致辞 *v.* 解决，处理
adjustment [ə'dʒʌstmənt]	*n.* 调节，调整
adjust to	调整，使适应
arise [ə'raɪz]	*v.* 出现
arise from	由……引起
arouse [ə'raʊz]	*v.* 引起；唤醒
arousal [ə'raʊz(ə)l]	*n.* 激发；唤起
array [ə'reɪ]	*n.* 排列；大批
an array of	一排
assert [ə'sɜːt]	*v.* 坚持，主张
assertion [ə'sɜːʃ(ə)n]	*n.* 断言；声明；主张
assign [ə'saɪn]	*v.* 分配；指派
assignment [ə'saɪnmənt]	*n.* 功课
associate [ə'səʊsieɪt]	*v.* 联系 *n.* 同事，伙伴

associate with	联合
trade association	贸易协会
associate professor	副教授
attach [ə'tætʃ]	*v.* 依附，贴上
attach to	依附
attachment [ə'tætʃmənt]	*n.* 附件，附属物
attain [ə'teɪn]	*v.* 实现，获得
attainment [ə'teɪnmənt]	*n.* 成就
attainable [ə'teɪnəb(ə)l]	*adj.* 可达到的，可得到的
attainer [ə'teɪndə(r)]	*n.* 取得成就者
attempt [ə'tempt]	*n.&v.* 试图，尝试
attempt to	试图做
attend [ə'tend]	*v.* 上（学）；参加，出席
attend to	关注
unattended [ˌʌnə'tendɪd]	*adj.* 无人看管的
award [ə'wɔ:d]	*n.* 授予
benefit ['benɪfɪt]	*v.* 对……有益
state benefit	政府补助金
benevolent [bə'nevələnt]	*adj.* 乐善好施的；慈善的
bind [baɪnd]	*v.* 使粘合；约束
bind up	包扎；捆绑
binding ['baɪndɪŋ]	*n.* （书籍的）封面；镶边
blueprint ['blu:prɪnt]	*n.* 蓝图，规划
boom [bu:m]	*n.* 激增，繁荣　*v.* 急速发展
booming ['bu:mɪŋ]	*adj.* 激增的
boost [bu:st]	*v.* 促进　*n.* 推动
breakthrough ['breɪkθru:]	*n.* 突破，重要的新发现
curtail [kɜ:'teɪl]	*v.* 限制；缩短

Group 6

ambiguous [æm'bɪgjuəs]	*adj.* 含糊的，不清楚的
ambiguity [ˌæmbɪ'gju:əti]	*n.* 含糊，不明确
articulate [ɑ:'tɪkjuleɪt]	*v.* 明确地表达
aspect ['æspekt]	*n.* 部分；方面
aspiration [ˌæspə'reɪʃ(ə)n]	*n.* 渴望，愿望
assume [ə'sju:m]	*v.* 猜想，假定
assumption [ə'sʌmpʃn]	*n.* 假设
astonishing [ə'stɒnɪʃɪŋ]	*adj.* 惊人的
attribute [ə'trɪbju:t]	*n.* 属性　*v.* 把……归因于；认为是……所为
attribute to	归因于
compare [kəm'peə(r)]	*v.* 与……相比较
compare to	比喻为
compare with	与……相比
comparison [kəm'pærɪs(ə)n]	*n.* 比较，对照
by comparison	相比之下
comparable ['kɒmpərəb(ə)l]	*adj.* 可比较的，比得上的
incomparably [ɪn'kɒmprəbli]	*adv.* 无比地；无敌地
compatible [kəm'pætəb(ə)l]	*adj.* 可兼容的；能共存的
incompatible [ˌɪnkəm'pætəb(ə)l]	*adj.* 不相容的，不能并存的
compelling [kəm'pelɪŋ]	*adj.* 强有力的；引人注目的
compensate ['kɒmpenseɪt]	*v.* 补偿；赔偿
compensation [ˌkɒmpen'seɪʃ(ə)n]	*n.* 补偿金
compensate for	弥补；赔偿
component [kəm'pəʊnənt]	*n.* 成分；组件
compound ['kɒmpaʊnd]	*adj.* 混合的　*n.* 混合物，化合物

chemical compound	化合物
confuse [kən'fju:z]	v. 使混乱，使迷惑
confusion [kən'fju:ʒn]	n. 混乱，困惑
context ['kɒntekst]	n. 环境；上下文
continuous [kən'tɪnjuəs]	adj. 持续的；连续的
contract ['kɒntrækt]	n. 合同　v. 收缩
subcontract [ˌsʌb'kɒntrækt]	v. 分包；转包
controversy ['kɒntrəvɜ:si]	n. 争论；矛盾，冲突
controversial [ˌkɒntrə'vɜ:ʃ(ə)l]	adj. 有争议的
convert [kən'vɜ:t]	v. 使转变；转换
convert to	转换为
define [dɪ'faɪn]	v. 定义
defined [dɪ'faɪnd]	adj. 清晰的，明确的
definitely ['defɪnətli]	adv. 明确地

Group 7

ambitious [æm'bɪʃəs]	adj. 有雄心的；有野心的
ambition [æm'bɪʃ(ə)n]	n. 抱负，雄心
over-ambitious [ˌəʊvəræm'bɪʃəs]	adj. 野心过大的
anecdote ['ænɪkdəʊt]	n. 轶事，奇闻
anecdotal [ˌænɪk'dəʊt(ə)l]	adj. 轶事的，趣闻的
appoint [ə'pɔɪnt]	v. 任命；约定
appointment [ə'pɔɪntmənt]	n. 任命；约会；职位
disappointing [ˌdɪsə'pɔɪntɪŋ]	adj. 令人失望的
authentic [ɔ:'θentɪk]	adj. 真正的；可信的
authenticity [ˌɔ:θen'tɪsəti]	n. 可靠性，真实性
authority [ɔ:'θɒrəti]	n. 当局；权威
authorise ['ɔ:θəraɪz]	v. 批准

autonomy [ɔː'tɒnəmi]	*n.* 自治；自治权
autonomous [ɔː'tɒnəməs]	*adj.* 自主的，独立的
available [ə'veɪləb(ə)l]	*adj.* 可利用的；有空的
availability [əˌveɪlə'bɪləti]	*n.* 实用性，有效性
ally ['ælaɪ]	*n.* 支持者，同盟
adhere [əd'hɪə(r)]	*v.* 遵守；附着
adherent [əd'hɪərənt]	*n.* 支持者，拥护者
proponent [prə'pəʊnənt]	*n.* 支持者
average ['ævərɪdʒ]	*adj.* 平均的；普通的
above-average [ə'bʌv 'ævərɪdʒ]	*adj.* 异乎寻常的，超常的
bear [beə(r)]	*v.* 具有；承受；生育　*n.* 熊
bear up	支持
bearing ['beərɪŋ]	*n.* 方位
overbearing [ˌəʊvə'beərɪŋ]	*adj.* 傲慢的；压倒一切的
load-bearing [ləʊd 'beərɪŋ]	*n.* 承重
beat [biːt]	*v.* 打败；有节奏地敲打
drumbeat ['drʌmbiːt]	*n.* 鼓声
world-beating ['wɜːld biːtɪŋ]	*adj.* 举世无双的
budget ['bʌdʒɪt]	*n.* 预算
budgetary ['bʌdʒɪtəri]	*adj.* 预算的
calculate ['kælkjuleɪt]	*v.* 计算
calculated ['kælkjuleɪtɪd]	*adj.* 精心策划的
calculation [ˌkælkju'leɪʃ(ə)n]	*n.* 计算
capacity [kə'pæsəti]	*n.* 容量，性能；能力
capable ['keɪpəb(ə)l]	*adj.* 能够，能胜任
capability [ˌkeɪpə'bɪləti]	*n.* 才能；性能
career [kə'rɪə(r)]	*n.* 职业；事业
celebrate ['selɪbreɪt]	*v.* 庆祝

celebrated ['selɪbreɪtɪd]	*adj.* 有名的
celebrity [sə'lebrəti]	*n.* 名人；名流
celebration [ˌselɪ'breɪʃn]	*n.* 庆典
certify ['sɜːtɪfaɪ]	*v.* 证明；颁发
certification [ˌsɜːtɪfɪ'keɪʃ(ə)n]	*n.* 证明
championship ['tʃæmpiənʃɪp]	*n.* 锦标赛，冠军赛
embark [ɪm'bɑːk]	*v.* 开始或从事（尤指新的或难的事）；乘船
embark on	从事，着手

Group 8

beg [beg]	*v.* 乞讨
bias ['baɪəs]	*n.* 偏见　*v.* 使有偏见
unbiased [ʌn'baɪəst]	*adj.* 公正的，无偏见的
block [blɒk]	*n.* 大楼；街区；障碍物　*v.* 阻碍
border ['bɔːdə(r)]	*v.* 接壤　*n.* 边界
bound [baʊnd]	*v.* 束缚，捆绑
boundary ['baʊndri]	*n.* 边界
rebound [rɪ'baʊnd]	*v.* 弹回；反作用于
branch [brɑːntʃ]	*n.* 分支；树枝　*v.* 分岔
burst [bɜːst]	*n.* 爆发，突发；爆炸
cable ['keɪb(ə)l]	*n.* 缆绳；电缆
campaign [kæm'peɪn]	*n.* 运动；战役
environmental campaigns	环保活动
canal [kə'næl]	*n.* 灌溉水渠；运河
capture ['kæptʃə(r)]	*v.* 捕获，捕捉；获得
cast [kɑːst]	*n.* 铸件；全体演员
category ['kætəgəri]	*n.* 种类，类别

categorise ['kætəgəraɪz]	*v.* 分类
subcategory ['sʌbˌkætəgəri]	*n.* 子类别，子范畴
character ['kærəktə(r)]	*n.* 角色
characterise ['kærəktəraɪz]	*v.* 是……的特征；刻画，描绘；使……具有特点
characterization [ˌkærəktəraɪ'zeɪʃ(ə)n]	*n.* 刻画，描绘；描述方法
characteristic [ˌkærəktə'rɪstɪk]	*n.* 特点，特征
chase [tʃeɪs]	*v./n.* 追逐
circuit ['sɜːkɪt]	*n.* 回路；电路
circuitous [sə'kjuːɪtəs]	*adj.* 绕行的
circular ['sɜːkjələ(r)]	*adj.* 圆形的；循环的
circulate ['sɜːkjəleɪt]	*v.* 循环
circulation [ˌsɜːkjə'leɪʃ(ə)n]	*n.* 流通，循环
circumstance ['sɜːkəmstəns]	*n.* 环境
claim [kleɪm]	*n./v.* 要求；声称
acclaim [ə'kleɪm]	*n./v.* 喝彩，欢呼；赞扬
clue [kluː]	*n.* 线索，提示
cue [kjuː]	*n.* 提示；线索

Group 9

cluster ['klʌstə(r)]	*n.* 群，组
coherent [kəʊ'hɪərənt]	*adj.* 连贯的，一致的
coin [kɔɪn]	*v.* 创造　*n.* 硬币
coincide [ˌkəʊɪn'saɪd]	*v.* 一致，符合；同时发生
coincidence [kəʊ'ɪnsɪdəns]	*n.* 巧合；一致；同时发生
coincidental [kəʊˌɪnsɪ'dent(ə)l]	*adj.* 一致的；巧合的
coincide with	相符
collaborate [kə'læbəreɪt]	*v.* 合作，协作
collaboration [kəˌlæbə'reɪʃ(ə)n]	*n.* 合作；协作

collapse [kə'læps]	*v./n.* 崩溃，倒塌
colossal [kə'lɒs(ə)l]	*adj.* 巨大的
combat ['kɒmbæt]	*n./v.* 战斗；对抗
command [kə'mɑ:nd]	*n.* 命令，指令
comment ['kɒment]	*n.* 评论；意见 *v.* 评论
comment on	对……评论
commentary ['kɒmənt(ə)ri]	*n.* 评论
communal [kə'mju:n(ə)l]	*adj.* 公共的
community [kə'mju:nəti]	*n.* 社区；群落
scientific community	科学界人士
communicate [kə'mju:nɪkeɪt]	*v.* 交流
communication [kə,mju:nɪ'keɪʃ(ə)n]	*n.* 通信
telecommunication [,telikə,mju:nɪ'keɪʃ(ə)n]	*n.* 电讯，电信
radio communication	无线电通信
complex ['kɒmpleks]	*adj.* 复杂的 *n.* 复合体；综合建筑群
complexity [kəm'pleksəti]	*n.* 复杂（性）
comprise [kəm'praɪz]	*v.* 包含；由……组成
conceive [kən'si:v]	*v.* 构思，设想，想象
configure [kən'fɪgə(r)]	*v.* 配置；设定
configuration [kən,fɪgə'reɪʃ(ə)n]	*n.* 结构；配置
congest [kən'dʒest]	*v.* 拥挤
congested [kən'dʒestɪd]	*adj.* 拥挤的
congestion [kən'dʒestʃən]	*n.* 拥挤，拥塞
consecutive [kən'sekjətɪv]	*adj.* 连贯的，连续不断的

Group 10

commerce ['kɒmɜ:s]	*n.* 贸易，商业
commercial [kə'mɜ:ʃ(ə)l]	*adj.* 商业的，贸易的

commission [kə'mɪʃ(ə)n]	*n.* 委托，委任；佣金
commodity [kə'mɒdəti]	*n.* 商品
commodity futures markets	商品期货市场
complain [kəm'pleɪn]	*v.* 抱怨
complaint [kəm'pleɪnt]	*n.* 投诉；抱怨
comply [kəm'plaɪ]	*v.* 遵守，服从
comply with	照做，遵守
comprehend [ˌkɒmprɪ'hend]	*v.* 理解；领会
comprehensive [ˌkɒmprɪ'hensɪv]	*adj.* 广泛的；综合的
corporate ['kɔːpərət]	*adj.* 公司的；企业的
corporation [ˌkɔːpə'reɪʃ(ə)n]	*n.* 公司
deposit [dɪ'pɒzɪt]	*n.* 押金；沉淀物　*v.* 存款；存放，使沉积
enterprise ['entəpraɪz]	*n.* 企业；事业
enterprising ['entəpraɪzɪŋ]	*adj.* 大胆的，有魄力的
equivalent [ɪ'kwɪvələnt]	*adj.* 相等的　*n.* 对等的人（或事物）
equivalent to	等于，相当于
evaluate [ɪ'væljueɪt]	*v.* 评价，评估
evaluation [ɪˌvælju'eɪʃn]	*n.* 评价；估值
evaluative [ɪ'væljuətɪv]	*adj.* 可估价的
execute ['eksɪkjuːt]	*v.* 执行；处死
executive [ɪg'zekjətɪv]	*n.* 主管，经理　*adj.* 决策的，有执行权的
exploit [ɪk'splɔɪt]	*v.* 开发，利用
exploitation [ˌeksplɔɪ'teɪʃ(ə)n]	*n.* 开发；利用
favour ['feɪvə(r)]	*n.* 喜爱　*v.* 有利于
favoured ['feɪvəd]	*adj.* 喜欢的，赋予特殊条件的
favourable ['feɪvərəb(ə)l]	*adj.* 有利的；赞成的
in favor of	支持；有利于

feature ['fi:tʃə(r)]	*n.* 特征，特点　*v.* 是……的特征；以……为特色
flourish ['flʌrɪʃ]	*v.* 繁荣，兴旺；茂盛
flourishing ['flʌrɪʃɪŋ]	*adj.* 旺盛的，繁茂的
fund [fʌnd]	*v.* 为……提供资金
funding ['fʌndɪŋ]	*n.* 经费
the World Wide Fund for Nature	世界自然基金会
harvest ['hɑ:vɪst]	*n.* 收获；收成　*v.* 收获
invest [ɪn'vest]	*v.* 赋予；投资
investment [ɪn'vestmənt]	*n.* 投资，投入
initial investment	初期投资
investor [ɪn'vestə(r)]	*n.* 投资者

Group 11

compress [kəm'pres]	*v.* 压缩；压紧
compression [kəm'preʃ(ə)n]	*n.* 压缩；浓缩
concentrate ['kɒns(ə)ntreɪt]	*v.* 集中；专注
concentrate on	集中
concentration [ˌkɒns(ə)n'treɪʃ(ə)n]	*n.* 集中
concern [kən'sɜ:n]	*n.* 关心　*v.* 涉及
conclude [kən'klu:d]	*v.* 终止；得出结论
conclusively [kən'klu:sɪvli]	*adv.* 最后地；决定性地
conclusion [kən'klu:ʒn]	*n.* 结论
concrete ['kɒŋkri:t]	*adj.* 具体的　*n.* 混凝土
confine [kən'faɪn]	*v.* 限制；局限
confined [kən'faɪnd]	*adj.* 受限制的
confinement [kən'faɪnmənt]	*n.* 监禁，关押
conscious ['kɒnʃəs]	*adj.* 意识到的；有意识的

unconscious [ʌn'kɒnʃəs]	*adj.* 无意识的
consciousness ['kɒnʃəsnəs]	*n.* 意识
self-conscious [ˌself 'kɒnʃəs]	*adj.* 自觉的，有自我意识的
consciously ['kɒnʃəsli]	*adv.* 自觉地，有意识地
subconsciously [ˌsʌb'kɒnʃəsli]	*adv.* 潜意识地
conserve [kən'sɜːv]	*v.* 保存；节省
conservation [ˌkɒnsə'veɪʃ(ə)n]	*n.* 保存，保持
conservative [kən'sɜːvətɪv]	*adj.* 保守的，传统的
constitute ['kɒnstɪtjuːt]	*v.* 构成，组成
constrain [kən'streɪn]	*v.* 限定；约束
constraint [kən'streɪnt]	*n.* 限制，约束
construct [kən'strʌkt]	*v.* 建造
constructive [kən'strʌktɪv]	*adj.* 建设性的
construction [kən'strʌkʃn]	*n.* 建设
reconstruct [ˌriːkən'strʌkt]	*v.* 重建；修复
contend [kən'tend]	*v.* 认为；主张
contribute [kən'trɪbjuːt]	*v.* 贡献；捐助
contributing ['kɒntrɪbjuːtɪŋ]	*adj.* 作贡献的，起作用的
contribution [ˌkɒntrɪ'bjuːʃ(ə)n]	*n.* 贡献
contribute to	导致
convention [kən'venʃ(ə)n]	*n.* 惯例；传统手法；习俗
conventional [kən'venʃən(ə)l]	*adj.* 传统的；惯例的
unconventional [ˌʌnkən'venʃən(ə)l]	*adj.* 非常规的；不因循守旧的
critical ['krɪtɪk(ə)l]	*adj.* 关键的；批评的；危急的
critically ['krɪtɪkli]	*adv.* 危急地；批评性地
custom ['kʌstəm]	*adj.* 定做的　*n.* 习俗，习惯
cure [kjʊə(r)]	*v.* 治愈
curiosity [ˌkjʊəri'ɒsəti]	*n.* 好奇心

curious ['kjʊəriəs]	*adj.* 好奇的
dedicated ['dedɪkeɪtɪd]	*adj.* 献身的；专心致志的
deliver [dɪ'lɪvə(r)]	*v.* 传送；交付；兑现
delivery [dɪ'lɪvəri]	*n.* 交付；分娩

Group 12

confer [kən'fɜː(r)]	*v.* 授予
confront [kən'frʌnt]	*v.* 面对，遭遇
confront with	使面临
conquer ['kɒŋkə(r)]	*v.* 征服
consult [kən'sʌlt]	*v.* 请教，咨询
consultation [ˌkɒns(ə)l'teɪʃ(ə)n]	*n.* 请教，咨询；磋商
consulting [kən'sʌltɪŋ]	*adj.* 咨询的，顾问的
consultant [kən'sʌltənt]	*n.* 顾问
content ['kɒntent]	*adj.* 满意的　*n.* 内容
contentedly [kən'tentɪdli]	*adv.* 满足地
contentment [kən'tentmənt]	*n.* 满足；满意
contention [kən'tenʃ(ə)n]	*n.* 争论
demonstrate ['demənstreɪt]	*v.* 展示；证明；示威
demonstration [ˌdemən'streɪʃ(ə)n]	*n.* 示范
declare [dɪ'kleə(r)]	*v.* 声明
declaration [ˌdeklə'reɪʃ(ə)n]	*n.* 宣布，公告
definite ['defɪnət]	*adj.* 清楚的；确定的
definitively [dɪ'fɪnətɪvli]	*adv.* 确定地
definition [ˌdefɪ'nɪʃ(ə)n]	*n.* 定义
by definition	当然地，明显地
deliberate [dɪ'lɪbərət]	*adj.* 故意的
deliberately [dɪ'lɪbərətli]	*adv.* 审慎地，故意地

delicate ['delɪkət]	*adj.* 脆弱的；精致的；微妙的
deny [dɪ'naɪ]	*v.* 否认；拒绝
desire [dɪ'zaɪə(r)]	*n./v.* 渴望
detail ['di:teɪl]	*n.* 细节；详情
in detail	详细地
determine [dɪ'tɜ:mɪn]	*v.* 决定
self-determining [ˌselfdi'tə:miniŋ]	*adj.* 自己决定的
devote [dɪ'vəʊt]	*v.* 奉献，把……奉献（给）；把……专用（于）
devotion [dɪ'vəʊʃn]	*n.* 忠诚；热爱；奉献
devote to	致力于
dispense [dɪ'spens]	*v.* 分发；分配
be dispensed with	被免除
dispute [dɪ'spju:t]	*n.* 争端，争论
disputed [dɪ'spju:tɪd]	*adj.* 有争议的
undisputed [ˌʌndɪ'spju:tɪd]	*adj.* 无可争辩的
distribute [dɪ'strɪbju:t]	*v.* 分配，分发
distribution [ˌdɪstrɪ'bju:ʃn]	*n.* 分布
ease [i:z]	*n.* 轻松　*v.* 减轻
enhance [ɪn'hɑ:ns]	*v.* 增强；提高
enhanced [ɪn'hɑ:nst]	*adj.* 加强的
enhancement [ɪn'hɑ:nsmənt]	*n.* 提高，增强

Group 13

courage ['kʌrɪdʒ]	*n.* 勇气，勇敢
encourage [ɪn'kʌrɪdʒ]	*v.* 鼓舞，鼓励
encouraging [ɪn'kʌrɪdʒɪŋ]	*adj.* 鼓舞人心的
discourage [dɪs'kʌrɪdʒ]	*v.* 阻碍；使气馁

discouraged [dɪs'kʌrɪdʒd]	*adj.* 气馁的
consequent ['kɒnsɪkwənt]	*adj.* 随之发生的
consequence ['kɒnsɪkwəns]	*n.* 后果，结果
consequently ['kɒnsɪkwəntli]	*adv.* 因此
derive [dɪ'raɪv]	*v.* 源于，来自
derive from	起源于，取自
descend [dɪ'send]	*v.* 下降；遗传
descendant [dɪ'sendənt]	*n.* 后裔；子孙
descend on	降临
descending [dɪ'sendɪŋ]	*adj.* 递降的
drive [draɪv]	*v.* 驱动，推动；驾驶
driver ['draɪvə(r)]	*n.* 驱动力；司机
elaborate [ɪ'læbərət]	*v.* 详尽阐述　*adj.* 精心制作的，详尽的
elaboration [ɪˌlæbə'reɪʃ(ə)n]	*n.* 详细阐述
embrace [ɪm'breɪs]	*v.* 包含；拥抱
emerge [ɪ'mɜːdʒ]	*v.* （从隐蔽处或暗处）浮现，出现
emergence [ɪ'mɜːdʒəns]	*n.* 出现，发生
emergent [ɪ'mɜːdʒənt]	*adj.* 新兴的；处于发展初期的
emphasis ['emfəsɪs]	*n.* 重点，强调
emphasize ['emfəsaɪz]	*v.* 强调
encounter [ɪn'kaʊntə(r)]	*n.* 偶然碰见　*v.* 邂逅；遇到
encounter with	遭遇，遇到
evolution [ˌiːvə'luːʃ(ə)n]	*n.* 进化
evolutionary [ˌiːvə'luːʃən(ə)ri]	*adj.* 进化的，演变的
exert [ɪg'zɜːt]	*v.* 施以影响；运用
exhibit [ɪg'zɪbɪt]	*v.* 表现，呈现
exhibition [ˌeksɪ'bɪʃ(ə)n]	*n.* 展览；展示
exist [ɪg'zɪst]	*v.* 存在

existence [ɪg'zɪstəns]	*n.* 存在
existing [ɪg'zɪstɪŋ]	*adj.* 现存的
existent [ɪg'zɪstənt]	*adj.* 存在的；生存的
expand [ɪk'spænd]	*v.* 扩张
expansion [ɪk'spænʃ(ə)n]	*n.* 发展，扩大
expansive [ɪk'spænsɪv]	*adj.* 广阔的，全面的
expect [ɪk'spekt]	*v.* 期望，指望
expectation [ˌekspek'teɪʃ(ə)n]	*n.* 预期，期待
expected [ɪk'spektɪd]	*adj.* 预期的
unexpected [ˌʌnɪk'spektɪd]	*adj.* 意外的，想不到的
unexpectedly [ˌʌnɪk'spektɪdli]	*adv.* 意外地，出乎意料地
extract ['ekstrækt]	*n.* 摘录　*v.* 提取
extraction [ɪk'strækʃn]	*n.* 取出，抽出
fade [feɪd]	*v.* 褪色；衰退，逐渐消失
fade away	逐渐消失
feat [fi:t]	*n.* 成就，功绩
figure ['fɪgə(r)]	*n.* 人物；图表；数字　*v.* 认为
figure out	理解，想出

Group 14

consider [kən'sɪdə(r)]	*v.* 认为；考虑，思考
consideration [kənˌsɪdə'reɪʃ(ə)n]	*n.* 考虑
considerable [kən'sɪdərəb(ə)l]	*adj.* 相当大的，相当重要的
considerably [kən'sɪdərəbli]	*adv.* 相当地；非常地
consume [kən'sju:m]	*v.* 消耗
consumption [kən'sʌmpʃ(ə)n]	*n.* 消费；消耗
debate [dɪ'beɪt]	*n.&v.* 讨论，辩论
decade ['dekeɪd]	*n.* 十年

decide [dɪ'saɪd]	*v.* 决定
decidedly [dɪ'saɪdɪdli]	*adv.* 果断地；毫无疑问
decline [dɪ'klaɪn]	*n./v.* 下降，衰落
deplete [dɪ'pli:t]	*v.* 耗尽；使枯竭
destruction [dɪ'strʌkʃ(ə)n]	*n.* 破坏
destructive [dɪ'strʌktɪv]	*adj.* 破坏性的
devise [dɪ'vaɪz]	*v.* 想出；设计
diminish [dɪ'mɪnɪʃ]	*v.* 减少；削弱
diminishing [dɪ'mɪnɪʃɪŋ]	*adj.* 逐渐减少的
discipline ['dɪsəplɪn]	*n.* 纪律；学科
sub-discipline ['sʌbˌdɪsɪplɪn]	*n.* 分支学科，子学科
disrupt [dɪs'rʌpt]	*v.* 扰乱，中断
disruptive [dɪs'rʌptɪv]	*adj.* 引起混乱的；破坏性的
disruption [dɪs'rʌpʃn]	*n.* 扰乱， 中断
distinct [dɪ'stɪŋkt]	*adj.* 独特的
distinction [dɪ'stɪŋkʃn]	*n.* 区别；特质
distinctive [dɪ'stɪŋktɪv]	*adj.* 有特色的，与众不同的
distinguish [dɪ'stɪŋgwɪʃ]	*v.* 区别，辨别；使杰出
distract [dɪ'strækt]	*v.* 转移（注意力），使分心
distraction [dɪ'strækʃn]	*n.* 干扰；分心
effect [ɪ'fekt]	*n.* 效应，影响 *v.* 使发生；实现
effective [ɪ'fektɪv]	*adj.* 有效的
effectively [ɪ'fektɪvli]	*adv.* 有效地
cost-effective [ˌkɒst ɪ'fektɪv]	*adj.* 划算的，成本效益好的
after-effect ['ɑ:ftər ɪfekt]	*n.* 后果
side-effect ['saɪd ɪfekt]	*n.* 副作用
put into effect	实施
element ['elɪmənt]	*n.* 元素，要素

elementary [ˌelɪ'mentri]	*adj.* 基本的
erode [ɪ'rəʊd]	*v.* 腐蚀；侵蚀
erosion [ɪ'rəʊʒ(ə)n]	*n.* 腐蚀；侵蚀
essence ['es(ə)ns]	*n.* 本质，实质；精华；香精
essential [ɪ'senʃ(ə)l]	*adj.* 本质的；基本的；必要的
essentially [ɪ'senʃəli]	*adv.* 本质上
in essence	其实，实质上
establish [ɪ'stæblɪʃ]	*v.* 建立
establishment [ɪ'stæblɪʃmənt]	*n.* 确立
estimate ['estɪmət]	*n./v.* 估计
estimation [ˌestɪ'meɪʃn]	*n.* 估计
underestimate [ˌʌndər'estɪmeɪt]	*v.* 低估，看轻

Group 15

crop [krɒp]	*n.* 农作物，庄稼
debris ['debriː]	*n.* 碎片，残骸
decay [dɪ'keɪ]	*n.* 腐烂；衰退
device [dɪ'vaɪs]	*n.* 装置，设备
dozen ['dʌz(ə)n]	*n.* 一打，十二个
dozens of	许多
drama ['drɑːmə]	*n.* 戏剧
dramatic [drə'mætɪk]	*adj.* 巨大的；激动人心的；戏剧化的
dramatically [drə'mætɪkli]	*adv.* 巨大地，戏剧性地
efficient [ɪ'fɪʃ(ə)nt]	*adj.* 高效的
efficiency [ɪ'fɪʃ(ə)nsi]	*n.* 效率
inefficient [ˌɪnɪ'fɪʃ(ə)nt]	*adj.* 无效率的，效率低的
excess [ɪk'ses]	*adj.* 过量的　*n.* 超过
in excess of	超过，多于
excessively [ɪk'sesɪvli]	*adv.* 过度地

export [ɪk'spɔ:t]	*n./v.* 出口；输出
expose [ɪk'spəʊz]	*v.* 曝光，暴露
exposure [ɪk'spəʊʒə(r)]	*n.* 暴露；揭发
expose to	暴露于
fossil ['fɒs(ə)l]	*n.* 化石　*adj.* 化石的
fossil fuel	矿物燃料，化石燃料
facility [fə'sɪləti]	*n.* 天资，才能；设施，设备
fit [fɪt]	*adj.* 健康的　*v.* 安装　*n.* 匹配
fitting ['fɪtɪŋ]	*adj.* 适合的
fitness ['fɪtnəs]	*n.* 健康
fold [fəʊld]	*n.* 折叠，对折（纸、织物等）
unfold [ʌn'fəʊld]	*v.* 展开；展现；披露
blindfold ['blaɪndfəʊld]	*adj.*（被）蒙住眼睛的
twofold ['tu:fəʊld]	*adj.* 两倍的，双重的
fraction ['frækʃn]	*n.* 小部分；少量
fragment ['frægmənt]	*n.* 碎片；片段
frame [freɪm]	*n.* 支架；框架　*v.* 为……制定框架
framework ['freɪmwɜ:k]	*n.* 构架；框架
frequency ['fri:kwənsi]	*n.* 频率；频繁
frequently ['fri:kwəntli]	*adv.* 频繁地，经常地
low frequency	低频率
gear [gɪə(r)]	*n.* 齿轮　*v.* 把齿轮装上
gear wheel	齿轮
gesture ['dʒestʃə(r)]	*n.* 手势；表示；姿势
grain [greɪn]	*n.* 谷物
sand grain	沙粒

Group 16

extend [ɪk'stend]	*v.* 扩展，延伸
extended [ɪk'stendɪd]	*adj.* 延长了的；扩展了的
extend to	延伸
fulfill [fʊl'fɪl]	*v.* 使满足；履行；实现
fulfillment [fʊl'fɪlmənt]	*n.* 实现，履行
fundamental [ˌfʌndə'ment(ə)l]	*adj.* 基本的；根本的；基础的；重要的
gather ['gæðə(r)]	*v.* 收集，聚集；增加；集合
food-gathering [fu:d 'gæðərɪŋ]	*n.* 采集食物
generate ['dʒenəreɪt]	*v.* 产生，生成
generative ['dʒenərətɪv]	*adj.* 有生产力的
degenerate [dɪ'dʒenəreɪt]	*v.* 退化，堕落
generation [ˌdʒenə'reɪʃ(ə)n]	*n.* 产生；一代人
regeneration [rɪˌdʒenə'reɪʃn]	*n.* 重生
grant [grɑ:nt]	*v.* 拨款；授予；允许，承认
take for granted	理所当然，想当然
grasp [grɑ:sp]	*n.* 领会 *v.* 领会；抓住
guarantee [ˌgærən'ti:]	*n.* 保证 *v.* 保证；担保
guard [gɑ:d]	*v.* 保卫，守卫
guardian ['gɑ:diən]	*n.* 监护人
handle ['hænd(ə)l]	*n.* 把手 *v.* 操作；处理，应对
mishandle [ˌmɪs'hænd(ə)l]	*v.* 处理不当
highlight ['haɪlaɪt]	*v.* 强调，突出
ideal [aɪ'di:əl]	*adj.* 完美的；理想的 *n.* 理想
ideally [aɪ'di:əli]	*adv.* 理想地；完美地
identify [aɪ'dentɪfaɪ]	*v.* 确定，识别，辨认
identity [aɪ'dentəti]	*n.* 身份；一致，认同感
identification [aɪˌdentɪfɪ'keɪʃ(ə)n]	*n.* 识别；身份证明

ignore [ɪɡ'nɔː(r)]	*v.* 忽视，不顾
ignorance ['ɪɡnərəns]	*n.* 无知，愚昧
illustrate ['ɪləstreɪt]	*v.* 阐明，举例说明
illustration [ˌɪlə'streɪʃ(ə)n]	*n.* 说明；图解，插图
imagine [ɪ'mædʒɪn]	*v.* 想象
imagination [ɪˌmædʒɪ'neɪʃ(ə)n]	*n.* 想象，想象力
imbalance [ɪm'bæləns]	*n.* 不平衡，不公平
immediate [ɪ'miːdiət]	*adj.* 立即的；直接的；最接近的
immediately [ɪ'miːdiətli]	*adv.* 立刻；直接地
implement ['ɪmplɪment]	*v.* 执行；实施
implementation [ˌɪmplɪmen'teɪʃ(ə)n]	*n.* 实施
imply [ɪm'plaɪ]	*v.* 意味；表明；暗示
implication [ˌɪmplɪ'keɪʃn]	*n.* 暗示；含义

Group 17

fascinate ['fæsɪneɪt]	*v.* 使着迷
fascinating ['fæsɪneɪtɪŋ]	*adj.* 迷人的，吸引人的
golf [ɡɒlf]	*n.* 高尔夫球运动
golf course	高尔夫球场
golfer ['ɡɒlfə(r)]	*n.* 高尔夫球员
graph [ɡrɑːf]	*n.* 图表，曲线图
graphic ['ɡræfɪk]	*adj.* 图样的，图案的；绘画的
grid [ɡrɪd]	*n.* 电网；网格，格子
power grid	电力网
handout ['hændaʊt]	*n.* 救济品；课堂讲义
immense [ɪ'mens]	*adj.* 极大的，巨大的
impression [ɪm'preʃ(ə)n]	*n.* 效果；印象；压痕
impressive [ɪm'presɪv]	*adj.* 给人深刻印象的

influence ['ɪnfluəns]	*v./n.* 影响
inform [ɪn'fɔːm]	*v.* 通知，告诉
informative [ɪn'fɔːmətɪv]	*adj.* 提供有用信息的
ingredient [ɪn'griːdiənt]	*n.* 原料；组成部分；成分
innovation [ˌɪnə'veɪʃ(ə)n]	*n.* 创新，改革
innovative ['ɪnəveɪtɪv]	*adj.* 革新的，创新的
insight ['ɪnsaɪt]	*n.* 洞察力，见解
interval ['ɪntəv(ə)l]	*n.* 时间间隔，间距
label ['leɪb(ə)l]	*n.* 标签，商标　*v.* 贴标签于
lead [liːd]	*adj.* 领先的，最重要的　*n.* 铅
leading ['liːdɪŋ]	*adj.* 领导的；主要的
mislead [ˌmɪs'liːd]	*v.* 误导
leap [liːp]	*n.* 飞跃　*v.* 跳跃，飞跃
leisure ['leʒə(r)]	*adj.* 空闲的，业余的　*n.* 闲暇；空闲
leisurely ['leʒəli]	*adj.* 悠闲的　*adv.* 悠闲地
literacy ['lɪtərəsi]	*n.* 识字，读写能力
literature ['lɪtrətʃə(r)]	*n.* 文学；著作，文献
machinery [mə'ʃiːnəri]	*n.* 机器；机械
mass [mæs]	*n.* 大量；民众
amass [ə'mæs]	*v.* 积聚
body mass	体重
land mass	大陆块
mass extinction	大量物种灭绝
mass media	大众媒体
mass-produced [ˌmæs prə'djuːst]	*adj.* 大量生产的，大批生产的
massive ['mæsɪv]	*adj.* 大量的，巨大的

Group 18

incorporate [ɪn'kɔ:pəreɪt]	*v.* 包含；使混合
incorporated [ɪn'kɔ:pəreɪtɪd]	*adj.* 合并的
indicate ['ɪndɪkeɪt]	*v.* 表明；预示；指出
indicator ['ɪndɪkeɪtə(r)]	*n.* 指示器，指示物；迹象，指标
individual [ˌɪndɪ'vɪdʒuəl]	*adj.* 个人的；个别的，独特的 *n.* 个人
individually [ˌɪndɪ'vɪdʒuəli]	*adv.* 单独地
initiate [ɪ'nɪʃieɪt]	*v.* 开始，发起；开始实施
initiative [ɪ'nɪʃətɪv]	*n.* 倡议，主张
inspire [ɪn'spaɪə(r)]	*v.* 鼓舞，启发；使产生灵感
inspiration [ˌɪnspə'reɪʃ(ə)n]	*n.* 灵感
inspiring [ɪn'spaɪərɪŋ]	*adj.* 有启发性的，鼓舞人心的
instruct [ɪn'strʌkt]	*v.* 指导；通知；命令；教授
instruction [ɪn'strʌkʃ(ə)n]	*n.* 用法说明；指示；教学；说明书
instructional [ɪn'strʌkʃən(ə)l]	*adj.* 指导性的
intimate ['ɪntɪmət]	*adj.* 亲密的；详尽的
intimately ['ɪntɪmətli]	*adv.* 密切地，熟悉地
integrate ['ɪntɪgreɪt]	*v.* 使成整体；使融入
integrated ['ɪntɪgreɪtɪd]	*adj.* 综合的；完整的
disintegrate [dɪs'ɪntɪgreɪt]	*v.* 瓦解
interact [ˌɪntər'ækt]	*v.* 相互影响，相互作用
interaction [ˌɪntər'ækʃ(ə)n]	*n.* 相互作用；互动
interfere [ˌɪntə'fɪə(r)]	*v.* 妨碍，干涉
interfere with	妨碍
interference [ˌɪntə'fɪərəns]	*n.* 干扰
interpret [ɪn'tɜ:prət]	*v.* 解释，诠释；翻译（口译）
interpretation [ɪnˌtɜ:prə'teɪʃ(ə)n]	*n.* 说明；解释；理解
intervene [ˌɪntə'vi:n]	*v.* 干预；干扰

intervention [ˌɪntə'venʃ(ə)n]	*n.* 干涉，调停；介入
intervening [ˌɪntə'viːnɪŋ]	*adj.* 发生于其间的；介于中间的
intricate ['ɪntrɪkət]	*adj.* 错综复杂的
intricately ['ɪntrɪkətli]	*adv.* 错综复杂地；杂乱地
investigate [ɪn'vestɪgeɪt]	*v.* 调查，研究
investigator [ɪn'vestɪgeɪtə(r)]	*n.* 研究者，调查员
investigation [ɪnˌvestɪ'geɪʃ(ə)n]	*n.* 调查，科学研究，学术研究
isolate ['aɪsəleɪt]	*v.* 使隔离；使分离；使绝缘
isolation [ˌaɪsə'leɪʃn]	*n.* 孤立；隔离，分开
isolated ['aɪsəleɪtɪd]	*adj.* 孤立的；隔离的；偏远的
launch [lɔːntʃ]	*v.* 发动，开始；发射
launching ['lɔːntʃɪŋ]	*n.* 发射，开始
lessen ['les(ə)n]	*v.* 使……减轻，使……变少
maintain [meɪn'teɪn]	*v.* 保持；维护，维修
maintenance ['meɪntənəns]	*n.* 维护，维持
manipulate [mə'nɪpjuleɪt]	*v.* 操纵，操作；巧妙地处理
manipulative [mə'nɪpjələtɪv]	*adj.* 善于操纵的；熟练操作的
manufacture [ˌmænju'fæktʃə(r)]	*n./v.* 制造，生产
manufacturing [ˌmænju'fæktʃərɪŋ]	*n.* 制造业

Group 19

increasing [ɪn'kriːsɪŋ]	*adj.* 越来越多的，渐增的
increasingly [ɪn'kriːsɪŋli]	*adv.* 越来越多地
intense [ɪn'tens]	*adj.* 强烈的
intensity [ɪn'tensəti]	*n.* 强度；强烈
intensive [ɪn'tensɪv]	*adj.* 集中的，加强的；密集的
intensively [ɪn'tensɪvli]	*adv.* 强烈地，集中地
knowledgeable ['nɒlɪdʒəbl]	*adj.* 知识渊博的，有见识的

acknowledge [ək'nɒlɪdʒ]	*v.* 承认
a field of knowledge	知识领域
luxury ['lʌkʃəri]	*adj.* 奢侈的　*n.* 奢侈，奢侈品
match [mætʃ]	*v.* 匹配
match to	把……相搭配
mathematics [ˌmæθə'mætɪks]	*n.* 数学（=math）
means [mi:nz]	*n.* 方式，方法
measure ['meʒə(r)]	*n.* 测量　*v.* 测量，估量
measurement ['meʒəmənt]	*n.* 测量，度量
measurable ['meʒərəbl]	*adj.* 可测量的；显著的
mechanism ['mekənɪzəm]	*n.* 机制；原理；途径
mechanical [mə'kænɪkl]	*adj.* 机械的；呆板的
mental ['ment(ə)l]	*adj.* 心理的，思想的；精神的
mentality [men'tæləti]	*n.* 心态；心理；智力
mere [mɪə(r)]	*adj.* 仅仅的，只不过的
merely ['mɪəli]	*adv.* 仅仅，只不过，只是
mileage ['maɪlɪdʒ]	*n.* 英里里程
milestone ['maɪlstəʊn]	*n.* 里程碑
millennia [mɪ'leniə]	*n.* 千年 （millennium 的复数）
mine [maɪn]	*n.* 矿
mineral ['mɪnərəl]	*n.* 矿物，矿石，矿物质
minimise ['mɪnɪmaɪz]	*v.* 最小化
minimal ['mɪnɪm(ə)l]	*adj.* 最少的
model ['mɒd(ə)l]	*n.* 模型，样式　*v.* 以……为模范
business model	商业模式
remodel [ˌri:'mɒd(ə)l]	*v.* 改变……的结构（或形状）
modify ['mɒdɪfaɪ]	*v.* 修改
modified ['mɒdɪfaɪd]	*adj.* 改良的

modification [ˌmɒdɪfɪˈkeɪʃ(ə)n]	*n.* 修改，更正
monitor [ˈmɒnɪtə(r)]	*v.* 检查，监视
monitoring [ˈmɒnɪtərɪŋ]	*n.* 监视，监控；检验，检查
monument [ˈmɒnjumənt]	*n.* 纪念碑
monumental [ˌmɒnjuˈment(ə)l]	*adj.* 重要的；意义深远的；不朽的

Group 20

map [mæp]	*v.* 绘图；映射　*n.* 地图
meet [miːt]	*v.* 对付；满足
moral [ˈmɒrəl]	*adj.* 道德的　*n.* 道德
moral code	道德准则
motivate [ˈməʊtɪveɪt]	*v.* 激发，促动
motivation [ˌməʊtɪˈveɪʃ(ə)n]	*n.* 动机；积极性
multiple [ˈmʌltɪp(ə)l]	*adj.* 多种多样的
nest [nest]	*n.* 巢穴；鸟巢
norm [nɔːm]	*n.* 基准，规范；常态
normal [ˈnɔːm(ə)l]	*adj.* 正常的
normally [ˈnɔːməli]	*adv.* 通常地
abnormal [æbˈnɔːm(ə)l]	*adj.* 反常的
numerous [ˈnjuːmərəs]	*adj.* 许多的
observe [əbˈzɜːv]	*v.* 观察
observation [ˌɒbzəˈveɪʃ(ə)n]	*n.* 观察；观测
self-observation [self ˌɒbzəˈveɪʃ(ə)n]	*n.* 自我观察，自我审查
observer [əbˈzɜːvə(r)]	*n.* 观察者
onward [ˈɒnwəd]	*adj.* 向前的　*adv.* 向前
opposite [ˈɒpəzɪt]	*adj.* 相反的　*n.* 对立面
opposition [ˌɒpəˈzɪʃ(ə)n]	*n.* 反对，敌对
ordinary [ˈɔːd(ə)n(ə)ri]	*adj.* 普通的，平凡的，平常的
extraordinary [ɪkˈstrɔːd(ə)n(ə)ri]	*adj.* 非凡的

origin ['ɒrɪdʒɪn]	*n.* 起源
originality [əˌrɪdʒə'næləti]	*n.* 创意，独创性
originate [ə'rɪdʒɪneɪt]	*v.* 起源
original [ə'rɪdʒən(ə)l]	*adj.* 原始的，起初的
originally [ə'rɪdʒənəli]	*adv.* 最初
outline ['aʊtlaɪn]	*n.* 略图；提纲；概述
outlook ['aʊtlʊk]	*n.* 观点；展望
output ['aʊtpʊt]	*n.* 产量；输出量
farm output	农产品产量
overtake [ˌəʊvə'teɪk]	*v.* 赶上，超过
overwhelming [ˌəʊvə'welmɪŋ]	*adj.* 压倒性的，不可阻挡的
ownership ['əʊnəʃɪp]	*n.* 所有权，所有
passage ['pæsɪdʒ]	*n.* 航程；（时间的）流逝；通道；章节
passageway ['pæsɪdʒweɪ]	*n.* 通道

Group 21

obscure [əb'skjʊə(r)]	*adj.* 晦涩的，难以理解的　*v.* 掩盖；使模糊
obstacle ['ɒbstək(ə)l]	*n.* 干扰，障碍
occur [ə'kɜː(r)]	*v.* 发生，出现
occurrence [ə'kʌrəns]	*n.* 发生；出现；事件
odd [ɒd]	*adj.* 古怪的　*n.* 奇数
otherwise ['ʌðəwaɪz]	*adv.* 否则（表转折）
outward ['aʊtwəd]	*adj.* 外面的；向外的
overload [ˌəʊvə'ləʊd]	*n./v.* 过重负担，超载
patent ['pæt(ə)nt]	*n.* 专利　*v.* 获得专利权
pattern ['pæt(ə)n]	*n.* 模式；花样；图案
payment ['peɪmənt]	*n.* 报酬；付款

peak [pi:k]	*n.* 山顶；最高峰，顶点　*v.* 使达到顶峰
penetrate ['penətreɪt]	*v.* 透（渗）入；刺穿
perceive [pə'si:v]	*v.* 察觉；认为；意识到
perception [pə'sepʃ(ə)n]	*n.* 感觉，知觉；认知
perceptual [pə'septʃuəl]	*adj.* 知觉的，感觉的
misperception [ˌmɪspə'sepʃən]	*n.* 误解
perform [pə'fɔ:m]	*v.* 做，执行
performance [pə'fɔ:məns]	*n.* 表演；表现
outperform [ˌaʊtpə'fɔ:m]	*v.* 胜过，做得比……更好
permanent ['pɜ:mənənt]	*adj.* 永久的，永恒的
permanently ['pɜ:mənəntli]	*adv.* 永久地，长期不变地
semi-permanent ['semi 'pɜ:mənənt]	*adj.* 半永久的
persist [pə'sɪst]	*v.* 坚持不懈
persistence [pə'sɪstəns]	*n.* 持续，坚持
persistent [pə'sɪstənt]	*adj.* 坚持的，持久的
personal ['pɜ:sən(ə)l]	*adj.* 个人的；人际的
personality [ˌpɜ:sə'næləti]	*n.* 个性
personnel [ˌpɜ:sə'nel]	*n.* 人员，员工
personalize ['pɜ:sənəlaɪz]	*v.* 使个性化
interpersonal [ˌɪntə'pɜ:sən(ə)l]	*adj.* 人际的
impersonal [ɪm'pɜ:sənl]	*adj.* 不受个人感情影响的，没人情味的；客观的
personal preference	个人喜好
popular ['pɒpjələ(r)]	*adj.* 受喜爱的；通俗的；民众的
popularity [ˌpɒpju'lærəti]	*n.* 普及，流行
the popular media	大众媒体
possess [pə'zes]	*v.* 拥有，具备
possession [pə'zeʃ(ə)n]	*n.* 拥有；个人财产，私人物品

Group 22

pose [pəʊz]	*v.* 提出；造成，形成
potential [pə'tenʃ(ə)l]	*adj.* 潜在的，可能的 *n.* 潜力，可能性
potentially [pə'tenʃəli]	*adv.* 可能地，潜在地
pour [pɔ:(r)]	*v.* 灌注，倒入
pour into	倒入，灌入
practice ['præktɪs]	*n.* 实践；做法
practical ['præktɪkl]	*adj.* 实际的；实用的
practically ['præktɪkli]	*adv.* 实际上；几乎
impractical [ɪm'præktɪk(ə)l]	*adj.* 不切实际的，不现实的
precise [prɪ'saɪs]	*adj.* 精确的
precisely [prɪ'saɪsli]	*adv.* 精确地；恰恰
press [pres]	*v.* 施压 *n.* 新闻界；出版社
pressure ['preʃə(r)]	*n.* 压力
pressing ['presɪŋ]	*adj.* 紧迫的
predict [prɪ'dɪkt]	*v.* 预测，预知
predictable [prɪ'dɪktəb(ə)l]	*adj.* 可预测的，可预见的
prediction [prɪ'dɪkʃ(ə)n]	*n.* 预测，预言，预告
prefer [prɪ'fɜ:(r)]	*v.* 宁愿，更喜欢
preferred [prɪ'fɜ:d]	*adj.* 首选的
prefer to	更喜欢
preference ['prefrəns]	*n.* 偏好，倾向
preferential [ˌprefə'renʃ(ə)l]	*adj.* 优先的；优惠的
present ['prez(ə)nt]	*v.* 呈现；提交
ever-present ['evəˌprezənt]	*adj.* 经常存在的
presentation [ˌprez(ə)n'teɪʃ(ə)n]	*n.* 显示，介绍
preserve [prɪ'zɜ:v]	*v.* 保存，保护
preservation [ˌprezə'veɪʃ(ə)n]	*n.* 保存

preservative [prɪ'zɜːvətɪv]	*n.* 防腐剂
previous ['priːviəs]	*adj.* 早先的，先前的
previously ['priːviəsli]	*adv.* 以前，预先
prime [praɪm]	*adj.* 主要的；最好的
primitive ['prɪmətɪv]	*adj.* 原始的，早期的；简单的
principle ['prɪnsəp(ə)l]	*n.* 原则，原理
principled ['prɪnsəpld]	*adj.* 有原则的
unprincipled [ʌn'prɪnsəpld]	*adj.* 没有原则的
priority [praɪ'ɒrəti]	*n.* 优先（权）
give top priority to	优先考虑
prior to	在……之前
procedure [prə'siːdʒə(r)]	*n.* 程序，手续，过程
proceed [prə'siːd]	*v.* 继续做（或从事、进行）、行进
process ['prəʊses]	*n.* 过程　*v.* 处理；加工
processed ['prəʊˌsest]	*adj.* 经过特殊处理（或加工过的）
produce [prə'djuːs]	*n.* 农产品；产品
producer [prə'djuːsə(r)]	*n.* 生产者
productive [prə'dʌktɪv]	*adj.* 多产的，富有成效的
productivity [ˌprɒdʌk'tɪvəti]	*n.* 生产率；生产力
profit ['prɒfɪt]	*n.* 利润；好处
make a profit	获利，赚钱
profitable ['prɒfɪtəb(ə)l]	*adj.* 有利润的，赢利的；有益的
promise ['prɒmɪs]	*n./v.* 允诺
promising ['prɒmɪsɪŋ]	*adj.* 有希望的；有前途的
compromise ['kɒmprəmaɪz]	*v./n.* 妥协

Group 23

promote [prə'məʊt]	*v.* 晋升；促进；推销

promotion [prəˈməʊʃ(ə)n]	*n.* 推广
promotional [prəˈməʊʃən(ə)l]	*adj.* 广告宣传的；推销的
prompt [prɒmpt]	*n.* 提示　*v.* 促进，促使；激起；提示
proof [pruːf]	*n.* 证据，证明
property [ˈprɒpəti]	*n.* 特性，属性；房地产
property developer	房地产开发商
proportion [prəˈpɔːʃ(ə)n]	*n.* 部分，比例
proportional [prəˈpɔːʃən(ə)l]	*adj.* 成比例的
disproportionately [ˌdɪsprəˈpɔːʃənətli]	*adv.* 不成比例地
propose [prəˈpəʊz]	*v.* 提议，建议
proposal [prəˈpəʊz(ə)l]	*n.* 提议，建议
proposition [ˌprɒpəˈzɪʃ(ə)n]	*n.* 主张，观点
prospect [ˈprɒspekt]	*n.* 展望；前景；景象
prospective [prəˈspektɪv]	*adj.* 有望的；预期的
pump [pʌmp]	*v.* 输送；涌出　*n.* 水泵
pursue [pəˈsjuː]	*v.* 追求；追逐
pursuit [pəˈsjuːt]	*n.* 工作；追求
puzzle [ˈpʌz(ə)l]	*n.* 谜　*v.* 使迷惑
random [ˈrændəm]	*adj.* 随机的，任意的
randomly [ˈrændəmli]	*adv.* 随便地，任意地
range [reɪndʒ]	*n.* 牧场；范围
a wide range of	各式各样的
rank [ræŋk]	*v.* 把……排列起来；排名
rare [reə(r)]	*adj.* 稀少的，稀有的
rarely [ˈreəli]	*adv.* 很少地；难得
readily [ˈredɪli]	*adv.* 容易地，很快地；欣然地
realm [relm]	*n.* 领域，范围
rear [rɪə(r)]	*n.* 后部　*v.* 培养；养育

rearing ['rɪərɪŋ]	*n.* 饲养
reason ['ri:z(ə)n]	*v.* 推断，推理
reasoning ['ri:zənɪŋ]	*n.* 推理，论证
reasonably ['ri:z(ə)nəbli]	*adv.* 合理地
recommend [ˌrekə'mend]	*v.* 建议；推荐
redundant [rɪ'dʌndənt]	*adj.* 多余的，累赘的
redundancy [rɪ'dʌndənsi]	*n.* 过剩；裁员

Group 24

recall [rɪ'kɔ:l]	*v.* 回想，回忆
recognise ['rekəgnaɪz]	*v.* 承认，认可；辨别
recognition [ˌrekəg'nɪʃn]	*n.* 识别；承认，认出
unrecognised [ʌn'rekəgnaɪzd]	*adj.* 未被意识到的；未被认可的
reduce [rɪ'dju:s]	*v.* 减少
reduction [rɪ'dʌkʃ(ə)n]	*n.* 减少；下降；缩小
reduced [rɪ'dju:st]	*adj.* 减少的
refer [rɪ'fɜ:(r)]	*v.* 引用；提到；提交
refer to	指（的是），涉及，提及
reference ['refrəns]	*n.* 提及，引用，参考　*v.* 引用
reflect [rɪ'flekt]	*v.* 反射；反映
reflection [rɪ'flekʃ(ə)n]	*n.* 反映，反射
reflective [rɪ'flektɪv]	*adj.* 反射的；沉思的
reflect on	思考
regard [rɪ'gɑ:d]	*v.* 把……视为；看待；凝视
regardless of	不管，不顾
disregard [ˌdɪsrɪ'gɑ:d]	*v.* 不理会；不顾；漠视
register ['redʒɪstə(r)]	*v.* 记录；注册　*n.* 名册
regrettable [rɪ'gretəbl]	*adj.* 令人遗憾的；可惜的；抱歉的

regulate ['regjuleɪt]	*v.* 管理；控制；调整
regulation [ˌregju'leɪʃ(ə)n]	*n.* 规则；管理
self-regulation [self ˌregju'leɪʃ(ə)n]	*n.* 自动调节
reinforce [ˌriːɪn'fɔːs]	*v.* 加固；加强
relate [rɪ'leɪt]	*v.* 联系；讲述；叙述；使有联系
relate to	与……有关系
related field	相关领域
relative ['relətɪv]	*adj.* 相对的　*n.* 亲戚
relatively ['relətɪvli]	*adv.* 相当地；相对地，比较地
age-related [eɪdʒ rɪ'leɪtɪd]	*adj.* 跟年龄有关的
water-related ['wɔːtə(r) rɪ'leɪtɪd]	*adj.* 与水相关的
PR (public relation)	公共关系
correlation [ˌkɒrə'leɪʃ(ə)n]	*n.* 联系
zero correlation	零相关
release [rɪ'liːs]	*n.* 发布；释放
rely [rɪ'laɪ]	*v.* 依靠
rely on	依赖于
reliable [rɪ'laɪəb(ə)l]	*adj.* 可靠的
reliance [rɪ'laɪəns]	*n.* 依赖，依靠，信赖
self-reliance [ˌself rɪ'laɪəns]	*n.* 自力更生，依靠自己；自恃
reluctant [rɪ'lʌktənt]	*adj.* 不情愿的；勉强的
remarkable [rɪ'mɑːkəb(ə)l]	*adj.* 卓越的；引人注目的
remarkably [rɪ'mɑːkəbli]	*adv.* 非常地；显著地；值得注意地
renew [rɪ'njuː]	*v.* 复兴，使更新
renewable [rɪ'njuːəb(ə)l]	*adj.* 可再生的，可更新的
renewal [rɪ'njuːəl]	*n.* 更新，革新
repetition [ˌrepə'tɪʃ(ə)n]	*n.* 反复，重复
repetitively [rɪ'petətɪvli]	*adv.* 重复地

require [rɪ'kwaɪə(r)]	*v.* 要求，需要
requirement [rɪ'kwaɪəmənt]	*n.* 需求；要求；必要条件
request [rɪ'kwest]	*n./v.* 请求，需要
resemble [rɪ'zemb(ə)l]	*v.* 类似，相似，与……相像
resistance [rɪ'zɪstəns]	*n.* 抵抗力；抵抗
resistant [rɪ'zɪstənt]	*adj.* 抵抗的，反抗的　*n.* 抵抗者
restoration [ˌrestə'reɪʃ(ə)n]	*n.* 恢复；复位

Group 25

reject [rɪ'dʒekt]	*v.* 排斥；拒绝
reputation [ˌrepju'teɪʃ(ə)n]	*n.* 名誉，声望
rescue ['reskjuː]	*n.* 救援　*v.* 解救
reserve [rɪ'zɜːv]	*vt.* 保留
food reserve	食物储备
reservation [ˌrezə'veɪʃn]	*n.* 预约；保留意见；居留地
restrict [rɪ'strɪkt]	*v.* 限制
restricted [rɪ'strɪktɪd]	*adj.* 保密的；受限制的；有限的
restriction [rɪ'strɪkʃ(ə)n]	*n.* 限制
retain [rɪ'teɪn]	*v.* 保留；保有；保持；记住
reverse [rɪ'vɜːs]	*n.* 相反（的情况）；倒退　*v.* 颠倒；扭转；撤销
irreversible [ˌɪrɪ'vɜːsəb(ə)l]	*adj.* 不可逆的；不能取消的；不能翻转的
revolution [ˌrevə'luːʃn]	*n.* 旋转；革命；大变革
industrial revolution	工业革命
revolutionise [ˌrevə'ljuːʃənaɪz]	*v.* 完全变革
revolutionary [ˌrevə'luːʃənəri]	*adj.* 革命性的，革新的
robust [rəʊ'bʌst]	*adj.* 强健的；稳固的

roll [rəʊl]	*v.* 滚动；翻转；摇晃
roll in	滚滚而来，大量涌来
roll out	展开
roller ['rəʊlə(r)]	*n.* 滚筒
rotate [rəʊ'teɪt]	*v.* 使转动，旋转
route [ru:t]	*n.* 线路
routine [ru:'ti:n]	*adj.* 日常的，例行的　*n.* 常规，例行程序
routinely [ru:'ti:nli]	*adv.* 例行地，惯常地
sample ['sɑ:mp(ə)l]	*n.*（抽查的）样本，样品　*v.* 取样；抽样调查
sampling ['sɑ:mplɪŋ]	*n.* 取样
scale [skeɪl]	*n.* 规模，比例，范围
large-scale [ˌlɑ:dʒ 'skeɪl]	*adj.* 大范围的
global scale	全球范围
full scale	原尺寸的，与原物同大小的；全面的
scale-model [skeɪl 'mɒd(ə)l]	*n.* 比例模型
timescale ['taɪmskeɪl]	*n.*（事情发生或完成所需要的）一段时间；时标；时间尺度
scenario [sə'nɑ:riəʊ]	*n.* 可能发生的事；方案；剧本；情景
scene [si:n]	*n.* 场景；场面
scope [skəʊp]	*n.* 范围；视野
sector ['sektə(r)]	*n.* 部门；部分
secure [sɪ'kjʊə(r)]	*adj.* 安全的　*v.* 保卫
security [sɪ'kjʊərəti]	*n.* 安全
insecurity [ˌɪnsɪ'kjʊərəti]	*n.* 不安全感
segment ['segmənt]	*n.* 片段；部分

Group 26

reveal [rɪ'vi:l]	*v.* 反映，揭示；揭露

scarce [skeəs]	*adj.* 缺乏的，不足的，稀缺的
scarcely ['skeəsli]	*adv.* 几乎不；简直不
schedule ['ʃedjuːl]	*n.* 计划表；行动计划
scholar ['skɒlə(r)]	*n.* 学者
scholarship ['skɒləʃɪp]	*n.* 奖学金
scholarly ['skɒləli]	*adj.* 学术的；博学的
sculpture ['skʌlptʃə(r)]	*n.* 雕塑，雕塑作品
sculptor ['skʌlptə(r)]	*n.* 雕塑家
seek [siːk]	*v.* 寻求，追求
seize [siːz]	*v.* 抓住；夺取
sensor ['sensə(r)]	*n.* 传感器
sensitive ['sensətɪv]	*adj.* 敏感的；易生气的；灵敏的
sensitivity [ˌsensə'tɪvəti]	*n.* 敏感；敏感性；过敏性
sense of triumph	成就感
sensation [sen'seɪʃ(ə)n]	*n.* 感觉
sensory ['sensəri]	*adj.* 感觉的，知觉的
sequence ['siːkwəns]	*n.* 顺序　*v.* 按顺序排列
sequential [sɪ'kwenʃ(ə)l]	*adj.* 顺序的；连续的
subsequent ['sʌbsɪkwənt]	*adj.* 随后的，后来的
subsequently ['sʌbsɪkwəntli]	*adv.* 接下来
serve [sɜːv]	*v.* 可用作；接待服务
servant ['sɜːvənt]	*n.* 佣人
session ['seʃ(ə)n]	*n.*（进行某活动的）一段时间；会议
setting ['setɪŋ]	*n.* 背景；环境；情节背景
goal-setting [gəʊl 'setɪŋ]	*adj.* 设定目标的
settle ['set(ə)l]	*v.* 定居；稳定
settlement ['set(ə)lmənt]	*n.* 定居地，居住地

severe [sɪ'vɪə(r)]	*adj.* 严峻的，苛刻的
severity [sɪ'verəti]	*n.* 严重性
severely [sɪ'vɪəli]	*adv.* 严重地；严格地
severe limitation	严重缺陷
shift [ʃɪft]	*n./v.* 改变；转移
shock [ʃɒk]	*n.* 休克；（剧烈）震动；震惊
slight shock	轻微的震动
shrink [ʃrɪŋk]	*v.* 使缩小，使萎缩
slight [slaɪt]	*adj.* 轻微的；细小的
slightly ['slaɪtli]	*adv.* 轻微地，稍微地
soar [sɔː(r)]	*v.* 高涨；激增；高飞
soaring ['sɔːrɪŋ]	*adj.* 激增的，猛增的
sole [səʊl]	*adj.* 单独的，唯一的
solely ['səʊlli]	*adv.* 单独地，唯一地；仅
solid ['sɒlɪd]	*adj.* 可靠的；固体的；坚硬的　*n.* 固体
solidify [sə'lɪdɪfaɪ]	*v.* 加强；使固化

Group 27

shell [ʃel]	*n.* 外壳
eggshell ['egʃel]	*n.* 蛋壳
sign [saɪn]	*n.* 标记，迹象　*v.* 签署
sign language	手语
sign up for	注册；选课；报名参加
street sign	路标
signal ['sɪgnəl]	*n.* 信号
significant [sɪg'nɪfɪkənt]	*adj.* 重大的，有意义的
insignificant [ˌɪnsɪg'nɪfɪkənt]	*adj.* 无关紧要的
significantly [sɪg'nɪfɪkəntli]	*adv.* 显著地，值得注意地

significance [sɪg'nɪfɪkəns]	*n.* 意义，重要性
signify ['sɪgnɪfaɪ]	*v.* 表示；意味；表明
smooth [smuːð]	*adj.* 光滑的，平滑的
solution [sə'luːʃ(ə)n]	*n.* 解决方案；答案；溶液
sound [saʊnd]	*adj.* 合理的；可靠的；明智的　*v.* 吹响，敲响　*n.* 声音
span [spæn]	*n.* 跨度；跨距　*v.* 跨越
lifespan ['laɪfspæn]	*n.* 寿命
spark [spɑːk]	*n.* 火花　*v.* 引发；触发；冒火花
specialised ['speʃ(ə)laɪzd]	*adj.* 专业的，专门的
specialist ['speʃəlɪst]	*n.* 专家
split [splɪt]	*v.* 分裂；使分开
spot [spɒt]	*n.* 斑点　*v.* 认出；发现
spotted ['spɒtɪd]	*adj.* 有斑点的
spring [sprɪŋ]	*n.* 弹簧；泉水　*v.* 弹起（文中用 spring 表示蛇起得快的含义）
spring from	起源于，发源（于）……；来自……
spring back	回弹
spring to mind	（使人）突然想起
square [skweə(r)]	*n.* 正方形　*adj.* 正方形的
stable ['steɪb(ə)l]	*adj.* 稳定的
unstable [ʌn'steɪb(ə)l]	*adj.* 不稳定的
stability [stə'bɪləti]	*n.* 稳定，稳定性
state [steɪt]	*n.* 州；状态　*v.* 陈述
statement ['steɪtmənt]	*n.* 说法；叙述
state-of-the-art [ˌsteɪt əv ði 'ɑːt]	*adj.* 最先进的
status ['steɪtəs]	*n.* 地位；状态
strike [straɪk]	*v.* 罢工；打；击；攻击

striking ['straɪkɪŋ]	*adj.* 惊人的，突出的；显著的
stroke [strəʊk]	*n.* 划水动作　*v.* 抚摸；中风；划桨
struggle ['strʌg(ə)l]	*n.&v.* 奋斗；抗争；挣扎
struggler ['strʌglə(r)]	*n.* 奋斗者，挣扎的人
substantial [səb'stænʃ(ə)l]	*adj.* 本质的；大量的；实质的
substantially [səb'stænʃəli]	*adv.* 实质上，大体上
subtle ['sʌt(ə)l]	*adj.* 微妙的，难以察觉或描述的
sufficient [sə'fɪʃ(ə)nt]	*adj.* 足够的，充足的
sufficiently [sə'fɪʃntli]	*adv.* 充分地，足够地
self-sufficient [self sə'fɪʃ(ə)nt]	*adj.* 自给自足的
insufficient [ˌɪnsə'fɪʃ(ə)nt]	*adj.* 不足的

Group 28

steadily ['stedəli]	*adv.* 稳定地
storey ['stɔːri]	*n.* 楼层；有……层的
stream [striːm]	*n.* 一连串；溪流　*v.* 流动
mainstream ['meɪnstriːm]	*n.* 主流
streamlined ['striːmlaɪnd]	*adj.* 流线型的
upstream [ˌʌp'striːm]	*adv.* 向上游　*adj.* 上游的
downstream [ˌdaʊn'striːm]	*adv.* 顺流而下　*adj.* 在下游的；顺流的
supplement ['sʌplɪmənt]	*n./v.* 补充
supplementary [ˌsʌplɪ'mentri]	*adj.* 补充的，追加的
support [sə'pɔːt]	*v.* 支持；支撑
lend support to	支持，支援
supportive [sə'pɔːtɪv]	*adj.* 支持的
supporter [sə'pɔːtə(r)]	*n.* 支持者
survey ['sɜːveɪ]	*n.* 调查　*v.* 调查，研究
survive [sə'vaɪv]	*v.* 存活，幸存

survival [sə'vaɪv(ə)l]	*n.* 幸存；残存物
survivor [sə'vaɪvə(r)]	*n.* 幸存者
sustain [sə'steɪn]	*v.* 支撑；维持
sustainable [sə'steɪnəb(ə)l]	*adj.* 可持续的
unsustainable [ˌʌnsə'steɪnəbl]	*adj.* 不能持续的
sustainable development	可持续发展
swap [swɒp]	*v.* 交换，交易
sweep [swi:p]	*v.* 扫；扫荡；席卷
sweeping ['swi:pɪŋ]	*adj.* 大范围的；根本性的
switch [swɪtʃ]	*n.* 开关，按钮　*v.* 调换；转变，转换
symbol ['sɪmb(ə)l]	*n.* 标志，象征
symbolic [sɪm'bɒlɪk]	*adj.* 象征的；符号的
symbolism ['sɪmbəlɪzəm]	*n.* 象征主义；象征性
systematic [ˌsɪstə'mætɪk]	*adj.* 有系统的，有条理的
ecosystem ['i:kəʊsɪstəm]	*n.* 生态系统
systematization [ˌsɪstəmətaɪ'zeɪʃn]	*n.* 系统化
target ['tɑ:gɪt]	*n.* 目标，对象
on target	切题，切中要害
non-targeted [nɒn 'tɑ:gɪtɪd]	*adj.* 无针对性的
technique [tek'ni:k]	*n.* 技巧；方法
technical ['teknɪk(ə)l]	*adj.* 专业的；技术的
technological [ˌteknə'lɒdʒɪk(ə)l]	*adj.* 科技的；技术的
technologically [ˌteknə'lɒdʒɪkli]	*adv.* 技术上地
tendency ['tendənsi]	*n.* 倾向，趋势
intend [ɪn'tend]	*v.* 计划
intend to	打算……
tend to	倾向于，易于；趋向于

tension ['tenʃ(ə)n]	*n.* 紧张，不安；拉力；张力
thick [θɪk]	*adj.* 厚的，浓密的
thickness ['θɪknəs]	*n.* 厚度
threat [θret]	*n./v.* 威胁；恐吓
threaten ['θret(ə)n]	*v.* 威胁；恐吓
thrive [θraɪv]	*v.* 繁荣，兴旺
thriving ['θraɪvɪŋ]	*adj.* 繁荣的，兴旺发达的

Group 29

surrounding [sə'raʊndɪŋ]	*adj.* 周围的 *n.* 环境
tap [tæp]	*v.* 开发；轻拍；轻敲 *n.* 水龙头
tick [tɪk]	*v.* 滴答地走时；标以记号
tone [təʊn]	*n.* 声调；语气；色调；风格
tourism ['tʊərɪzəm]	*n.* 旅游业；观光业
tourist ['tʊərɪst]	*n.* 旅行者；游客
trace [treɪs]	*n.* 痕迹；微量 *v.* 跟踪，探索
trace back	追溯
track [træk]	*n.* 小径；音轨 *v.* 追踪
trail [treɪl]	*n.* 小径，小路；痕迹 *v.* 追踪
trait [treɪt]	*n.* 特性，特点；属性
transform [træns'fɔːm]	*v.* 转换，改变
transformation [ˌtrænsfə'meɪʃ(ə)n]	*n.* 转化，转换
transient ['trænziənt]	*adj.* 短暂的，暂住的
transmit [trænz'mɪt]	*v.* 传达；传输；传送
transparent [træns'pærənt]	*adj.* 透明的
transparency [træns'pærənsi]	*n.* 透明；透明度
transport ['trænspɔːt]	*v.* 运输，运送
transportation [ˌtrænspɔː'teɪʃ(ə)n]	*n.* 运输

public transport	公共交通，公交车
trap [træp]	*n.* 陷阱，圈套　*v.* 使落入险境；使陷入
trapping ['træpɪŋ]	*n.* 陷阱；诡计
treasure ['treʒə(r)]	*n.* 财富；珍宝
trench [trentʃ]	*n.* 沟渠
entrench [ɪn'trentʃ]	*v.* 牢固确立
trick [trɪk]	*n.* 诀窍，花招；技巧
tiny ['taɪni]	*adj.* 微小的
trigger ['trɪgə(r)]	*v.* 触发；引起　*n.* 扳机
undergo [ˌʌndə'gəʊ]	*v.* 经历，经受
undermine [ˌʌndə'maɪn]	*vt.* 逐渐削弱；暗中破坏
undertake [ˌʌndə'teɪk]	*v.* 从事，承担
unique [ju'ni:k]	*adj.* 唯一的，独特的
uniquely [ju'ni:kli]	*adv.* 独特地
unparalleled [ʌn'pærəleld]	*adj.* 不平行的；无比的，空前的
untangle [ˌʌn'tæŋgl]	*v.* 解开；整理
entangle [ɪn'tæŋg(ə)l]	*v.* 缠住，纠缠
urge [ɜ:dʒ]	*n.* 强烈的欲望；冲动
urgent ['ɜ:dʒənt]	*adj.* 紧急的，急迫的
urgency ['ɜ:dʒənsi]	*n.* 迫切；紧急
utilize ['ju:təlaɪz]	*v.* 利用，使用
utility [ju:'tɪləti]	*n.* 实用；效用
utilitarian [ˌju:tɪlɪ'teəriən]	*adj.* 功利的；实用的
ultimate ['ʌltɪmət]	*adj.* 最后的，最终的；极限的
ultimately ['ʌltɪmətli]	*adv.* 根本上；最终
uncover [ʌn'kʌvə(r)]	*v.* 发现；揭开，揭露
cover ['kʌvə(r)]	*v.* 包括；覆盖　*n.* 覆盖物

coverage ['kʌvərɪdʒ]	*n.* 覆盖范围；新闻报道
discover [dɪ'skʌvə(r)]	*v.* 发现
discovery [dɪ'skʌvəri]	*n.* 发现
recover [rɪ'kʌvə(r)]	*v.* 恢复；找回

Group 30

vague [veɪg]	*adj.* 模糊的，不清楚的
valid ['vælɪd]	*adj.* 有根据的；有效的；正当的
validity [və'lɪdəti]	*n.* 有效；正确
value ['vælju:]	*v.* 给……估价；重视
undervalue [ʌndə'vælju:]	*v.* 低估，看轻
invaluable [ɪn'væljuəb(ə)l]	*adj.* 无价的
vanish ['vænɪʃ]	*v.* 消失，绝迹
vary ['veəri]	*v.* 变化
variety [və'raɪəti]	*n.* 品种；变化；多样化
a variety of	种种；形形色色的
various ['veəriəs]	*adj.* 不同的，各种各样的
variable ['veəriəb(ə)l]	*adj.* 多变的　*n.* 变量，可变因素
invariably [ɪn'veəriəbli]	*adv.* 始终如一地；不变地
variant ['veəriənt]	*n.* 变体
variation [ˌveəri'eɪʃ(ə)n]	*n.* 变异；变体
vast [vɑ:st]	*adj.* 大量的，广阔的
in the vast majority	在绝大多数情况下
vastly ['vɑ:stli]	*adv.* 极大地，广大地
verbal ['vɜ:b(ə)l]	*adj.* 口头的，言语的
version ['vɜ:ʃ(ə)n]	*n.* 版本；说法，描述
via ['vaɪə]	*prep.* 通过；经由

viable ['vaɪəb(ə)l]	*adj.* 切实可行的，能存活的
viability [ˌvaɪə'bɪləti]	*n.* 可行性
victim ['vɪktɪm]	*n.* 受害者
victimize ['vɪktɪmaɪz]	*v.* 使受害
virtual ['vɜːtʃuəl]	*adj.* 实质上的，事实上的；虚拟的
Virtual Reality (VR)	虚拟现实
virtually ['vɜːtʃuəli]	*adv.* 差不多；实质上；虚拟
visible ['vɪzəb(ə)l]	*adj.* 明显的
visible spectrum	可见光谱
invisible [ɪn'vɪzəb(ə)l]	*adj.* 无形的，看不见的
visibility [ˌvɪzə'bɪləti]	*n.* 能见度；明显性
vital ['vaɪt(ə)l]	*adj.* 至关重要的；生死攸关的
vitally ['vaɪtəli]	*adv.* 极其
vivid ['vɪvɪd]	*adj.* 生动的；栩栩如生的
volume ['vɒljuːm]	*n.* 量；音量
voyage ['vɔɪɪdʒ]	*v.* 航行，航海
voyager ['vɔɪɪdʒə(r)]	*n.* 远行者，航行者
vulnerable ['vʌlnərəbl]	*adj.* 易受攻击的；易受伤害的；脆弱的
be vulnerable to	容易受……伤害
vulnerability [ˌvʌlnərə'bɪləti]	*n.* 弱点，脆弱性；易损性
weigh [weɪ]	*n.* 重量　*v.* 权衡，考虑
outweigh [aʊt'weɪ]	*v.* 超过
weighing [weɪɪŋ]	*n.* 称量
welcome ['welkəm]	*v.* 欢迎；乐意接纳；欣然接受
well-being ['wel biːɪŋ]	*n.* 幸福，健康
whereas [ˌweər'æz]	*conj.* 然而
whilst [waɪlst]	*conj.* 同时；当……的时候

widespread ['waɪdspred]	*adj.* 广泛的，普遍的；分布广的
wipe out	彻底摧毁；失败
withstand [wɪð'stænd]	*v.* 抵挡，经得起，承受
wonder ['wʌndə(r)]	*adj.* 极好的 *n.* 奇迹 *v.* 琢磨；想知道
wooden ['wʊdn]	*adj.* 木制的
woodland ['wʊdlənd]	*n.* 林地，森林
yield [ji:ld]	*n.* 产量，产出，收益 *v.* 出产（作物）；产生（收益、效益等）

扫码听音

第五章
雅思真题（G类）通用核心词表

★★★

本章是针对“剑桥雅思真题”全系列G类阅读文章的核心词集合。

A类考生应把本章作为加强复习和测试章节。

本章很多词汇和A类词汇重合；去留学也是去国外生活，G类核心词是必备的。比如，下了飞机状态不好你会说是因为jet lag（时差）；你要花一些心思和landlord（房东）相处融洽；水土不服吃坏了肚子，到了医院你要会说diarrhea（拉肚子）。

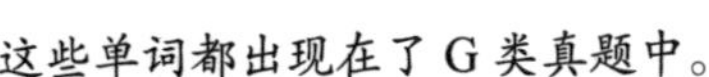

这些单词都出现在了G类真题中。

请用纸遮挡中文词义，快速测试自己是否能见词知义。再一次加深对已会单词的印象，并标注生词，查漏补缺。

abdomen ['æbdəmən]	*n.* 腹部
acrobatics [ˌækrə'bætɪks]	*n.* 特技；杂技
imperilled [ɪm'perəld]	*adj.* 处于危险中的
advertise ['ædvətaɪz]	*v.* 做广告
aerodynamic [ˌeərəʊdaɪ'næmɪk]	*adj.* 空气动力的
aesthetically [iːs'θetɪkli]	*adv.* 美观地
aged support	老年人赡养
air-borne [eə(r)bɔːn]	*adj.* 空气传播的
airport transfer	机场接送
alive [ə'laɪv]	*adj.* 活泼的，有生气的
allergic reaction	过敏反应
along with	（除……之外）还，以及
alphabetically [ˌælfə'betɪkli]	*adv.* 按照字母顺序地
aluminium [ˌæljə'mɪniəm]	*n.* 铝
ambience ['æmbiəns]	*n.* 周围环境，气氛

amend [ə'mend]	*v.* 修订；改进
amenity [ə'mi:nəti]	*n.* 便利设施
facility [fə'sɪləti]	*n.* 设备，设施
amongst [ə'mʌŋst]	*prep.* 在……之中
ample ['æmpl]	*adj.* 宽敞的；足够的；充分的
spacious ['speɪʃəs]	*adj.* 宽敞的
amusement park	游乐场
anatomist [ə'nætəmɪst]	*n.* 解剖学家
animation [ˌænɪ'meɪʃ(ə)n]	*n.* 动画制作
animated film	动画片
annexe ['æneks]	*n.* 附加物
annum ['ænəm]	*n.* 年，岁
antibody ['æntɪˌbɒdi]	*n.* 抗体
antiquated ['æntɪkweɪtɪd]	*adj.* 过时的，陈旧的
apart from	除……之外
apprehensive [ˌæprɪ'hensɪv]	*adj.* 忧虑的，不安的
apprenticeship [ə'prentɪʃɪp]	*n.* 学徒
aristocratic [ˌærɪstə'krætɪk]	*adj.* 贵族的
armour ['ɑ:mə(r)]	*n.* 装甲，护面
arthritis [ɑ:'θraɪtɪs]	*n.* 关节炎
artificial sweetener	人造甜味剂
art form	艺术形式
aside [ə'saɪd]	*adv.* 撇开；在旁边
allot [ə'lɒt]	*v.* 分配
asthma ['æsmə]	*n.* 哮喘
astronaut ['æstrənɔ:t]	*n.* 宇航员

at all costs	不惜一切代价地
at hand	近在手边
at one's fingertip	近在手边，随时可使用的
atlas ['ætləs]	*n.* 地图集
atmosphere ['ætməsfɪə(r)]	*n.* 气氛
attentional [ə'tenʃənəl]	*adj.* 注意的
on the grounds	由于……原因
audio-visual ['ɔːdiəʊ'vɪʒuəl]	*adj.* 视听的，视听教学的
authentic [ɔː'θentɪk]	*adj.* 真实的
avant-garde [ˌævɒ̃gaːd]	*n.* 前卫派，先锋派
avid ['ævɪd]	*adj.* 狂热的
awkward ['ɔːkwəd]	*adj.* 笨拙的；不适合的
backpack ['bækpæk]	*n.* 双肩背包
backwards ['bækwədz]	*adv.* 向后
baggage ['bægɪdʒ]	*n.* 行李
baker ['beɪkə(r)]	*n.* 面包工人，面包师
balance due	尚欠余额
baldness ['bɔːldnəs]	*n.* 光秃
bank statement	银行结单
barber ['bɑːbə(r)]	*n.* 理发师
bargain ['bɑːgən]	*n.* 物美价廉的商品
barge [bɑːdʒ]	*n.* 游艇，驳船
bark [bɑːk]	*n.* 树皮　*v.* 犬吠
baton ['bætɒn]	*n.* 指挥棒；接力棒；警棍；司令棒
battlefield ['bætlfiːld]	*n.* 战场
be bound to	一定，必然

be up to	是……的职责
beach [biːtʃ]	*n.* 海滩
beach towel	海滩浴巾
beak [biːk]	*n.* 鸟喙
bee [biː]	*n.* 蜜蜂
beef [biːf]	*n.* 牛肉
beetle ['biːtl]	*n.* 甲虫
beginner [bɪ'ɡɪnə(r)]	*n.* 初学者
behavioural [bɪ'heɪvjər(ə)l]	*adj.* 行为的
Belgium ['beldʒəm]	*n.* 比利时
believable [bɪ'liːvəb(ə)l]	*adj.* 可信的
belongings [bɪ'lɒŋɪŋz]	*n.* 财产，所有物；行李
bend [bend]	*v.* 弯曲
beneath [bɪ'niːθ]	*prep.* 在……之下
berth [bɜːθ]	*n.* （轮船、火车的）卧铺
bestow [bɪ'stəʊ]	*v.* 使用；授予；放置；留宿
beverage ['bevərɪdʒ]	*n.* 饮料
bewildering [bɪ'wɪldərɪŋ]	*adj.* 使人困惑的；令人产生混乱的
bill [bɪl]	*n.* 账单
bin [bɪn]	*n.* 箱子
biochemical [ˌbaɪəʊ'kemɪk(ə)l]	*adj.* 生化的
biodiversity [ˌbaɪəʊdaɪ'vɜːsəti]	*n.* 生物多样性
birth certificate	出生证明
biscuit ['bɪskɪt]	*n.* 饼干
bishop ['bɪʃəp]	*n.* 主教
blemish ['blemɪʃ]	*n.* 瑕疵，缺点

blend [blend]	*n./v.* 混合
blood test	验血
body ['bɒdi]	*n.* 机构，组织
boiling point	沸点
book [bʊk]	*v.* 预订，预约
booking ['bʊkɪŋ]	*n.* 预订
booklet ['bʊklət]	*n.* 手册，小册子
botanical [bə'tænɪk(ə)l]	*adj.* 植物学的
bowl [bəʊl]	*n.* 碗，一碗
bowling ['bəʊlɪŋ]	*n.* 保龄球运动
Brazilian street percussion	巴西街头打击乐
bread item	面包类食物
break out	突然发生，爆发
break time	休息时间
breath [breθ]	*n.* 呼吸
breeder ['bri:də(r)]	*n.* 饲养员
bride [braɪd]	*n.* 新娘
bridge the gap	缩小差距
the iron bridge	铁桥
briefcase ['bri:fkeɪs]	*n.* 公文包
briefly ['bri:fli]	*adv.* 简短地
bright [braɪt]	*adj.* 光明的
broadband ['brɔ:dbænd]	*adj.* 宽频的　*n.* 宽带
brow [braʊ]	*n.* 眉毛
buffet ['bʌfeɪ]	*n.* 自助餐
bulging ['bʌldʒɪŋ]	*adj.* 膨胀的

bulk [bʌlk]	*adj.* 大量的　*n.* 大部分
burger ['bɜːgə(r)]	*n.* 汉堡包
bury ['beri]	*v.* 埋葬
bush [bʊʃ]	*n.* 灌木丛
butcher ['bʊtʃə(r)]	*n.* 屠夫
buzzing ['bʌzɪŋ]	*adj.* 嘈杂的
by contrast	相反
by correspondence	用写信的办法
cabinet meeting	内阁会议
cafe ['kæfeɪ]	*n.* 咖啡馆，小餐馆
calamity [kə'læməti]	*n.* 灾难
calculator ['kælkjuleɪtə(r)]	*n.* 计算器
call upon	号召；拜访；求告
call-sign [kɔːlsaɪn]	*n.* 呼叫信号
camper ['kæmpə(r)]	*n.* 露营者
campsite ['kæmpsaɪt]	*n.* 营地
campus ['kæmpəs]	*n.* 校园
cancel ['kæns(ə)l]	*v.* 取消
canoeing [kə'nuːɪŋ]	*n.* 划独木舟
canopy ['kænəpi]	*n.* 遮篷
career path	职业道路
carer ['keərə(r)]	*n.* 看护者
caretaker ['keəteɪkə(r)]	*n.* 看管者
cargo ship	货船
carnival ['kɑːnɪv(ə)l]	*n.* 狂欢节
carry over	延期

case study	个案研究
casing ['keɪsɪŋ]	*n.* 箱；套；盒；罩
cassette [kə'set]	*n.* 盒式磁带
cast-iron [ˌkɑ:st'aɪən]	*adj.* 铸铁的
castle ['kɑ:s(ə)l]	*n.* 城堡
casual clothes	休闲服
catalogue ['kætəlɒg]	*n.* 目录　*v.* 将……编入目录
catch fire	着火
catering ['keɪtərɪŋ]	*n.* 餐饮供应，酒席承办
caterpillar ['kætəpɪlə(r)]	*n.* 毛虫
cent [sent]	*n.* 分
ceramic [sə'ræmɪk]	*adj.* 陶瓷的
ceremony ['serəməni]	*n.* 仪式
certificate [sə'tɪfɪkət]	*n.* 证书；执照；合格证
champion ['tʃæmpiən]	*n.* 冠军
char [tʃɑ:(r)]	*v.* 把……烧成炭；把……烧焦
charge [tʃɑ:dʒ]	*n.* 费用　*v.* 收取，征收（费用等）
charter ['tʃɑ:tə(r)]	*v.* 包租（飞机、船等）；特许设立
chartered ['tʃɑ:təd]	*adj.* 受特许的
checklist ['tʃeklɪst]	*n.* 清单；检查表
chef [ʃef]	*n.* 厨师
cheque [tʃek]	*n.* 支票
chest [tʃest]	*n.* 胸部
chick [tʃɪk]	*n.* 小鸡
chill [tʃɪl]	*n.* 寒冷
choir ['kwaɪə(r)]	*n.* 合唱队

chronic ['krɒnɪk]	*adj.* 漫长的，长期的
cider ['saɪdə(r)]	*n.* 苹果酒
civil engineering project	土木工程
clarify ['klærəfaɪ]	*v.* 澄清；净化
cleaner ['kliːnə(r)]	*n.* 保洁员，清洁工
click [klɪk]	*n.* 滴答声；点击
client ['klaɪənt]	*n.* 客户
cliff [klɪf]	*n.* 悬崖
climb [klaɪm]	*v.* 爬
clinic ['klɪnɪk]	*n.* 诊所
close call	险象环生，死里逃生
clothing ['kləʊðɪŋ]	*n.* 衣服
cluttered ['klʌtə(r)]	*adj.* 混乱的
coach trip	长途汽车旅行
coal [kəʊl]	*n.* 煤
coarsely ['kɔːsli]	*adv.* 粗糙地
coastal ['kəʊst(ə)l]	*adj.* 海岸的；沿海的
co-author [ˌkəʊ'ɔːθə(r)]	*n.* 合著者
cockpit ['kɒkpɪt]	*n.* 驾驶舱
cod [kɒd]	*n.* 鳕鱼
cog [kɒg]	*n.* 齿轮
cognitive ['kɒgnətɪv]	*adj.* 认知的
coin [kɔɪn]	*n.* 硬币
coin meter	硬币收费表
coke [kəʊk]	*n.* 焦炭
cold-blooded [ˌkəʊld'blʌdɪd]	*adj.* 冷血的

colonise ['kɒlənaɪz]	*v.* 建立殖民地；移民于殖民地
colourfast ['kʌləfa:st]	*adj.* 不掉色的
come along	出现
come into force	生效，开始实施
come to light	真相大白
comet ['kɒmɪt]	*n.* 彗星
comic ['kɒmɪk]	*adj.* 喜剧的
complaints handling team	投诉处理团队
comply with	遵守，服从
composite ['kɒmpəzɪt]	*n.* 混合物；合成物；复合材料
concentration [ˌkɒns(ə)n'treɪʃ(ə)n]	*n.* 集中
concert ['kɒnsət]	*n.* 音乐会
concession [kən'seʃ(ə)n]	*n.* 减价；让步；妥协
concessionary [kən'seʃənəri]	*adj.* 减价的
concrete ['kɒŋkri:t]	*n.* 混凝土
condense [kən'dens]	*v.* 浓缩，精简
cone [kəʊn]	*n.* 球果；圆锥体
Confucius [kən'fju:ʃəs]	*n.* 孔子
congregate ['kɒŋgrɪgeɪt]	*v.* 聚集
conservator [kən'sɜ:vətə(r)]	*n.* 保护者，救护者
conservatory [kən'sɜ:vətri]	*n.* 温室
contactable [kən'træktəbəl]	*adj.* 可接触的
contain [kən'teɪn]	*v.* 包含
continental breakfast	欧式早餐，英式早餐
contingency [kən'tɪndʒənsi]	*n.* 偶发事件
continued [kən'tɪnju:d]	*adj.* 延续的

continuity [ˌkɒntɪ'nju:əti]	*n.* 分镜头剧本；连续性
contractor [kən'træktə(r)]	*n.* 承包人；立契约者
contributory [kən'trɪbjətəri]	*adj.* 促进的；起作用的；需要受益人付钱的
convenient [kən'vi:niənt]	*adj.* 方便的
conversation [ˌkɒnvə'seɪʃ(ə)n]	*n.* 交谈，会话
conveyor belt	传送带
coordinator [kəʊ'ɔ:dɪneɪtə(r)]	*n.* 协调人
coral ['kɒrəl]	*adj.* 珊瑚色的　*n.* 珊瑚
costume ['kɒstju:m]	*n.* 戏服
cot [kɒt]	*n.* 简易床，轻便小床
cottage ['kɒtɪdʒ]	*n.* 小别墅
council ['kaʊns(ə)l]	*n.* 议会，委员会
counsel ['kaʊnsl]	*v.* 法律顾问；劝告
counseling service	咨询服务
count [kaʊnt]	*v.* 计算总数；数数；算作
couple with	与……相结合
course [kɔ:s]	*n.* 进程
coursework ['kɔ:swɜ:k]	*n.* 课程作业
court life	宫廷生活
cousin ['kʌz(ə)n]	*n.* 表亲
covering ['kʌvərɪŋ]	*adj.* 掩盖的
cowboy ['kaʊbɔɪ]	*n.* 牧童；牛仔
crash-land ['kræʃlænd]	*v.* 紧急降落
credit card	信用卡
cross [krɒs]	*v.* 横过
crowd [kraʊd]	*n.* 群众，一群　*v.* 拥挤

cruise [kruːz]	*v.* 乘船游览，巡航
cuisine [kwɪ'ziːn]	*n.* 菜肴，烹饪
cure-all ['kjʊərɔːl]	*n.* 万灵药
curiosity [ˌkjʊəri'ɒsəti]	*n.* 好奇
curriculum vitae	个人简历
daisy ['deɪzi]	*n.* 雏菊
daybreak ['deɪbreɪk]	*n.* 黎明
dazzling ['dæz(ə)lɪŋ]	*adj.* 耀眼的
debris ['debriː]	*n.* 碎片，残片
debt [det]	*n.* 债务
defer [dɪ'fɜː(r)]	*v.* 延期
deficit ['defɪsɪt]	*n.* 赤字；逆差；亏损；不定额
be defined as	被定义为
deforestation [ˌdiːˌfɒrɪ'steɪʃn]	*n.* 森林砍伐
delay [dɪ'leɪ]	*n.* 延期，耽搁
delegate ['delɪgət]	*n.* 代表
delighted [dɪ'laɪtɪd]	*adj.* 高兴的
delightful [dɪ'laɪtf(ə)l]	*adj.* 令人愉快的
delta ['deltə]	*n.* 三角洲
Denmark ['denmɑːk]	*n.* 丹麦
denomination [dɪˌnɒmɪ'neɪʃn]	*n.* 面额
dental ['dent(ə)l]	*adj.* 牙科的，牙齿的
dentist ['dentɪst]	*n.* 牙医
departure [dɪ'pɑːtʃə(r)]	*n.* 离开，启程，出发
departure lounge	候机室；启程处
depict [dɪ'pɪkt]	*v.* 描述

deprivation [ˌdeprɪ'veɪʃn]	*n.* 丧失
desktop ['desktɒp]	*n.* 台式机；桌面
desperately ['despərətli]	*adv.* 非常，特别，极其
despite [dɪ'spaɪt]	*prep.* 尽管
destination [ˌdestɪ'neɪʃn]	*n.* 目的地
detain [dɪ'teɪn]	*v.* 留住
detector dog	侦测犬
deterrent [dɪ'terənt]	*n.* 威慑
devastation [ˌdevə'steɪʃn]	*n.* 毁坏，摧毁
diabetes [ˌdaɪə'biːtiːz]	*n.* 糖尿病
diagnosis [ˌdaɪəg'nəʊsɪs]	*n.* 诊断
diarrhea [ˌdaɪə'rɪə]	*n.* 腹泻，痢疾
diligent ['dɪlɪdʒənt]	*adj.* 勤勉的，用功的
dine [daɪn]	*v.* 进餐，用餐
diploma [dɪ'pləʊmə]	*n.* 文凭课程；毕业证书
directory [də'rektəri]	*n.* （计算机文件或程序的）目录
disability [ˌdɪsə'bɪləti]	*n.* 残疾
disagreement [ˌdɪsə'griːmənt]	*n.* 意见不一；争论
disappear [ˌdɪsə'pɪə(r)]	*v.* 消失
disciplinary [ˌdɪsə'plɪnəri]	*adj.* 纪律的，训诫的
disclosure [dɪs'kləʊʒə(r)]	*n.* 披露，揭发
discount ['dɪskaʊnt]	*n.* 折扣　*v.* 打折扣
discrepancy [dɪ'skrepənsi]	*n.* 不符，不一致
discrimination [dɪˌskrɪmɪ'neɪʃn]	*n.* 歧视
discuss [dɪ'skʌs]	*v.* 论述，讨论

dish [dɪʃ]	*n.* 一道菜
dismantle [dɪs'mænt(ə)l]	*v.* 拆开，拆卸
dismiss [dɪs'mɪs]	*v.* 解散
disorderly [dɪs'ɔ:dəli]	*adj.* 难驾驭的；杂乱的
disposable [dɪ'spəʊzəb(ə)l]	*adj.* 用完即可丢弃的，一次性的
dockside ['dɒksaɪd]	*n.* 码头边
dodge [dɒdʒ]	*v.* 避开　*n.* 推脱的计策
donate [dəʊ'neɪt]	*v.* 捐赠
donation [dəʊ'neɪʃ(ə)n]	*n.* 捐赠
dot [dɒt]	*v.* 点缀
doughnut ['dəʊnʌt]	*n.* 油炸圈饼
download [ˌdaʊn'ləʊd]	*v.* 下载
downwind [ˌdaʊn'wɪnd]	*adj.* 顺风的　*adv.* 顺风
dramatic feature	戏剧性特点
drawing ['drɔ:ɪŋ]	*n.* 图画；绘画；制图（技巧）
dressing ['dresɪŋ]	*n.* 穿衣，装饰
dress shoes	正装皮鞋；时装鞋
drop in	顺便拜访
droplets ['drɒpləts]	*n.* 飞沫
drought-resistant [draʊt rɪ'zɪstənt]	*adj.* 抗旱的
drowsy ['draʊzi]	*n.* 困倦的
drug [drʌg]	*n.* 毒品
dry out	变干
a dry cough	干咳
duplex ['dju:pleks]	*adj.* 双重的
dusk [dʌsk]	*n.* 黄昏

duty ['dju:ti]	*n.* 职责；关税
dynamite ['daɪnəmaɪt]	*n.* 炸药
eagerly ['i:gəli]	*adv.* 热切地，渴望地
early children nursing	儿童早期看护
earn [ɜ:n]	*v.* 赚；获得
ecology [i'kɒlədʒi]	*n.* 生态学
ecosystem ['i:kəʊsɪstəm]	*n.* 生态系统
economical [ˌi:kə'nɒmɪk(ə)l]	*adj.* 经济的，节约的
editorial [ˌedɪ'tɔ:riəl]	*adj.* 编辑的；社论的
elaborate [ɪ'læbərət]	*adj.* 精细的，复杂的
elderly care	老年护理
electronic [ɪˌlek'trɒnɪk]	*adj.* 电子的
elegance ['elɪgəns]	*n.* 优雅
eligible ['elɪdʒəb(ə)l]	*adj.* 合格的，符合条件的，有资格的
eligibility [ˌelɪdʒə'bɪləti]	*n.* 资格
embarrassed [ɪm'bærəst]	*adj.* 尴尬的
emergency [ɪ'mɜ:dʒənsi]	*n.* 紧急情况，突发事件
emotional [ɪ'məʊʃən(ə)l]	*adj.* 情绪的
employer [ɪm'plɔɪə(r)]	*n.* 雇主，老板
employment [ɪm'plɔɪmənt]	*n.* 职业；就业
empty ['empti]	*v.* 使成为空的
encase [ɪn'keɪs]	*v.* 围绕，把……装箱
enclose [ɪn'kləʊz]	*v.* 围绕；随函（或包裹等）附上
enclosure [ɪn'kləʊʒə(r)]	*n.* 附件
encyclopedia [ɪnˌsaɪklə'pi:diə]	*n.* 百科全书

endanger [ɪn'deɪndʒə(r)]	*v.* 危及
engraving [ɪn'greɪvɪŋ]	*n.* 雕刻作品
enjoyable [ɪn'dʒɔɪəb(ə)l]	*adj.* 愉快的，有趣的
enormously [ɪ'nɔːməsli]	*adv.* 巨大地
enrollment [ɪn'rəʊlmənt]	*n.* 登记
entertain [ˌentə'teɪn]	*v.* 使快乐；款待
enthusiast [ɪn'θjuːziæst]	*n.* 狂热者；爱好者
enthusiastic [ɪnˌθjuːzi'æstɪk]	*adj.* 狂热的，热情的，热心的
entitlement [ɪn'taɪtlmənt]	*n.* 应得权益；授权
entrance ['entrəns]	*n.* 入口
environmentally-friendly [ɪnˌvaɪrən'mentəli'frendli]	*adj.* 环境友好的
epic ['epɪk]	*adj.* 史诗的
equipment [ɪ'kwɪpmənt]	*n.* 设备
essay ['eseɪ]	*n.* 论文，散文，随笔
established [ɪ'stæblɪʃt]	*adj.* 确定的；已制定的，已建立的
estuary ['estʃuəri]	*n.* 河口
Ethiopia [ˌiːθi'əʊpiə]	*n.* 埃塞俄比亚
excessive [ɪk'sesɪv]	*adj.* 过多的，过度的
executive committee	执行委员会
exhaust pipe	排烟管，排气管
exhibit [ɪg'zɪbɪt]	*v.* 展出；展览
expend [ɪk'spend]	*v.* 花费，耗费
experienced [ɪk'spɪəriənst]	*adj.* 富有经验的
experiment [ɪk'sperɪmənt]	*n.* 实验　*v.* 做实验
expert ['ekspɜːt]	*n.* 专家

ex-smoker [eks'sməʊkə(r)]	*n.* 已戒烟者
extraordinary [ɪk'strɔːd(ə)n(ə)ri]	*adj.* 非凡的，特别的
an extra fee	额外的费用
extreme fatigue	极度疲劳
eye-witness [aɪ'wɪtnəs]	*n.* 目击者
fabulous ['fæbjələs]	*adj.* 难以置信的
facial massage	面部按摩
factual film	纪实片
fake [feɪk]	*n.* 假货
familiarise [fə'mɪliəraɪz]	*v.* 使熟悉，使通晓
fantasy ['fæntəsi]	*n.* 幻觉，幻想
fantastic [fæn'tæstɪk]	*adj.* 极好的；很大的
fault [fɔːlt]	*n.* 错误
feast [fiːst]	*n.* 盛宴；节日
feature ['fiːtʃə(r)]	*v.* 使成为；描写……的特征
feature film	故事片
fee [fiː]	*n.* 费用
feed [fiːd]	*v.* 喂养
fence [fens]	*n.* 栅栏
ferry ['feri]	*n.* 渡轮　*v.* 用渡船运送
fertiliser ['fɜːtəlaɪzə(r)]	*n.* 肥料
fibrous ['faɪbrəs]	*adj.* 纤维的，纤维性的；纤维状的
fiddle ['fɪd(ə)l]	*v.* 不停摆弄；伪造
figure-of-eight [ˌfɪgərəv'eɪt]	*adj.* 8 字形的
film-making [fɪlm'meɪkɪŋ]	*n.* 电影摄制

finance ['faɪnæns]	*v.* 为……提供资金
financial [faɪ'nænʃ(ə)l]	*adj.* 财政的，金融的
fine [faɪn]	*n./v.* 罚款　*adj.* 好的
finest ['faɪnɪst]	*adj.* 最优质的；最出色的
fire brigade	消防队
firefly ['faɪəflaɪ]	*n.* 萤火虫
first aid	急救
first floor	【英】第二层
first frost	初霜
fishery ['fɪʃəri]	*n.* 渔业
fit together	组合
fixed charge	固定支出
flashy ['flæʃi]	*adj.* 闪光的，显眼的
flatten ['flæt(ə)n]	*v.* （使）变平；摧毁
flee [fliː]	*v.* 逃离，逃跑
flexible ['fleksəb(ə)l]	*adj.* 灵活的
flexibly ['fleksəbli]	*adv.* 灵活地
flip [flɪp]	*v.* 蹦跳
flood [flʌd]	*v.* 充满；淹没
florist ['flɒrɪst]	*n.* 花商；种花人
flourish ['flʌrɪʃ]	*v.* 繁荣
flu [fluː]	*n.* 流感
flush away	冲去，冲走
flute [fluːt]	*n.* 长笛
foam [fəʊm]	*n.* 泡沫
focus ['fəʊkəs]	*v.* 集中

foldable [fəʊldəbl]	*adj.* 可折叠的
folk [fəʊk]	*n.* 民谣
folk medicine	民间医学
follow-up ['fɒləʊʌp]	*n.* 后续行动
fondness ['fɒndnəs]	*n.* 喜爱；溺爱
food chain	食物链
footwear ['fʊtweə(r)]	*n.* 鞋类
fore [fɔ:(r)]	*n.* 前部
forecast ['fɔ:kɑ:st]	*n.* 预报，预测　*v.* 预报
foreseeable [fɔ:'si:əb(ə)l]	*adj.* 可预见的
unforeseen [ˌʌnfɔ:'si:n]	*adj.* 无法预料的
fork [fɔ:k]	*n.* 叉子
formatted ['fɔ:mætɪd]	*adj.* 格式化的
formula ['fɔ:mjələ]	*n.* 公式
fortunate ['fɔ:tʃənət]	*adj.* 幸运的
forum ['fɔ:rəm]	*n.* 论坛
forward ['fɔ:wəd]	*v.* 转寄　*adj.* 向前的
forwards ['fɔ:wədz]	*adv.* 向前
fossilise ['fɒsəlaɪz]	*v.* 使成化石
foundation [faʊn'deɪʃ(ə)n]	*n.* 基金会；基础；地基
fountain ['faʊntən]	*n.* 喷泉
fraternity [frə'tɜ:nəti]	*n.* 友爱；兄弟会；互助会；大学生联谊会
free-standing [fri:'stændɪŋ]	*adj.* 独立的，自立的
freezer ['fri:zə(r)]	*n.* 冰箱
freight [freɪt]	*n.* 货物；货运

frequent ['fri:kwənt]	*adj.* 频繁的
fresh water	淡水
freshly ['freʃli]	*adv.* 新近，刚刚
refreshed [rɪ'freʃt]	*adj.* 恢复精神的
refreshment [rɪ'freʃmənt]	*n.* 点心，饮料
fright [fraɪt]	*n.* 惊吓
full fare	全票价
full-length feature (film)	全长影片
full-time [fʊltaɪm]	*adj.* 全职的；全日（制）的
fundraising ['fʌndreɪzɪŋ]	*adj.* 筹集资金的
furniture ['fɜːnɪtʃə(r)]	*n.* 家具
further ['fɜːðə(r)]	*adv.* 更远，进一步
gain [geɪn]	*v.* 获得
gaze [geɪz]	*v.* 凝视
gearing ['gɪərɪŋ]	*n.* 转动装置
general ['dʒen(ə)rəl]	*adj.* 普通的，常规的
genre ['ʒɒnrə]	*n.* 体裁
gently ['dʒentli]	*adv.* 轻轻地
genuinely ['dʒenjuɪnli]	*adv.* 真诚地
get about	走动
get in touch with	与……取得联系
Ghana ['gɑːnə]	*n.* 加纳
ghost tales	鬼故事
gigantic [dʒaɪ'gæntɪk]	*adj.* 巨大的
glacier ['glæsiə(r)]	*n.* 冰川

glass-sided [glɑːs'saɪdɪd]	*adj.* 玻璃面的
glide [glaɪd]	*v.* 滑翔
gliding ['glaɪdɪŋ]	*n.* 滑翔运动
globe-trotter ['gləʊbl'trɒtə(r)]	*n.* 环球旅行者
glow [gləʊ]	*v.* 发光
glow signal	发光信号
glow-worm [gləʊwɜːm]	*n.* 萤火虫
goods [gʊdz]	*n.* 货物
good-sized [gʊdsaɪzd]	*adj.* 大型的，相当大的
grab [græb]	*v.* 攫取；抓住
grade [greɪd]	*n.* 级别
upgrade [ˌʌp'greɪd]	*v.* 升级
graduate trainee	*n.* 毕业实习生，毕业培训生
graduate training schemes	大学毕业生职业培训计划
graphic artist	图形艺术家
grasp [grɑːsp]	*v./n.* 抓住；理解，领会
gratefully ['greɪtfəli]	*adv.* 感激地
gravity ['grævəti]	*n.* 重力
grease [griːs]	*n.* 油脂
Great Barrier Reef	大堡礁（澳洲）
grocery ['grəʊsəri]	*n.* 食品杂货店
ground floor	【英】第一层
ground water	地下水
grounding ['graʊndɪŋ]	*n.* 基础
gum [gʌm]	*n.* 牙龈
gunfight ['gʌnfaɪt]	*n.* 枪战

hairy ['heəri]	*adj.* 多毛的
half-scale [hɑ:fskeɪl]	*adj.* 半比例的
hand over	上交
handbook ['hændbʊk]	*n.* 手册
handful ['hændfʊl]	*n.* 少数，一把
handicap ['hændikæp]	*n.* 障碍
hands-on [hændzɒn]	*adj.* 亲身实践的，亲自动手的
handy ['hændi]	*adj.* 便利的，手边的
harass ['hærəs]	*v.* 侵扰；骚扰
sexual harassment	性骚扰
hardback ['hɑ:dbæk]	*n.* 精装书
harden into gum	硬化成胶
hard-wearing [hɑ:d'weərɪŋ]	*adj.* 耐磨的
hashish [hæ'ʃi:ʃ]	*n.* 印度大麻制剂
head cover	头盖，头罩
heading ['hedɪŋ]	*n.* 标题
headline ['hedlaɪn]	*n.* 大字标题，头条新闻
health care	医疗保健
hear from	收到……的来信
heating ['hi:tɪŋ]	*n.* 供暖
heat-sealed [hi:tsi:ld]	*adj.* 热封的
helmet ['helmɪt]	*n.* 头盔；钢盔
helpline ['helplaɪn]	*n.* 服务热线
herb [hɜ:b]	*n.* 药草
herbivore ['hɜ:bɪvɔ:(r)]	*n.* 食草动物
heritage-listed ['herɪtɪdʒ'lɪstɪd]	*adj.* 被列入遗产名录的

heroin ['herəʊɪn]	*n.* 海洛因
highflier ['haɪflaɪə(r)]	*n.* 有抱负心的人
hive [haɪv]	*n.* 蜂房，蜂巢
hold responsibility for	对……负责
holder ['həʊldə(r)]	*n.* 持有者
hollow bone	空心骨
Hollywood ['hɒliwʊd]	*n.* 好莱坞
home visit	家访；出诊
home-produced [həʊmprə'dju:st]	*adj.* 自家做的
honour ['ɒnə(r)]	*n.* 荣誉
hooded ['hʊdɪd]	*adj.* 戴头巾的
horizontal [ˌhɒrɪ'zɒnt(ə)l]	*adj.* 水平的，水平线的
hormonal [hɔ:'məʊnl]	*adj.* 荷尔蒙的，激素的
horse-riding [hɔ:s'raɪdɪŋ]	*n.* 骑马
hospitality [ˌhɒspɪ'tæləti]	*n.* 好客，殷勤
host [həʊst]	*v.* 主办；主持　*n.* 主人，东道主
a host of	一大群，众多
hostile ['hɒstaɪl]	*adj.* 敌对的
household ['haʊshəʊld]	*n.* 家庭
hovercraft ['hɒvəkrɑ:ft]	*n.* 气垫船
humorous ['hju:mərəs]	*adj.* 有幽默感的
hurdle ['hɜ:d(ə)l]	*n.* 障碍
hut [hʌt]	*n.* 小屋
hygiene ['haɪdʒi:n]	*n.* 卫生学，保健法
ignite [ɪg'naɪt]	*v.* 点火；使灼热
illegal [ɪ'li:g(ə)l]	*adj.* 非法的

ill-suited [ɪl'su:tɪd]	*adj.* 不适合的
imaginative [ɪ'mædʒɪnətɪv]	*adj.* 富有想象力的
imminent ['ɪmɪnənt]	*adj.* 迫近的，即将发生的
immune system	免疫系统
in addition to	除了……之外
in advance	预先，提前
in case	万一，以防
in excess of	超过
in line with	符合，与……一致
in short supply	供不应求
in term of	就……而言；按照；在……方面
in the case of	在……的情况下
in the light of	基于，按照
inbox ['ɪnbɒks]	*n.* 收件箱
incentive [ɪn'sentɪv]	*n.* 刺激；鼓励；动机
incidence ['ɪnsɪdəns]	*n.* 发生率；影响程度
incline [ɪn'klaɪn]	*v.* 倾向于
include [ɪn'klu:d]	*v.* 包括
inclusive [ɪn'klu:sɪv]	*adj.* 包含的
incredible [ɪn'kredəb(ə)l]	*adj.* 难以置信的
increment ['ɪŋkrəmənt]	*n.* 增加；增额
incubation [ˌɪŋkju'beɪʃ(ə)n]	*n.* 孵化
in-depth [ɪndepθ]	*adj.* 彻底的，深入的
indicate ['ɪndɪkeɪt]	*v.* 表明，指出；显示
industrial revolution	工业革命
inflate [ɪn'fleɪt]	*v.* 膨胀，充气

in-flight [ɪnflaɪt]	*adj.* 在飞行中的
information [ˌɪnfə'meɪʃ(ə)n]	*n.* 信息
infrequently [ɪn'friːkwəntli]	*adv.* 很少发生地；稀少地
initial [ɪ'nɪʃ(ə)l]	*adj.* 最初的
initially [ɪ'nɪʃəli]	*adv.* 开始，最初；首先
injection [ɪn'dʒekʃ(ə)n]	*n.* 注射
inner wall	内壁
insomnia [ɪn'sɒmniə]	*n.* 失眠（症）
inspect [ɪn'spekt]	*v.* 检查；审查
inspiration [ˌɪnspə'reɪʃ(ə)n]	*n.* 灵感
installation [ˌɪnstə'leɪʃ(ə)n]	*n.* 安装；装置；就职
instant ['ɪnstənt]	*adj.* 立刻的
instructor [ɪn'strʌktə(r)]	*n.* 教练；导师；指导者
insular ['ɪnsjələ(r)]	*adj.* 狭隘的；与世隔绝的
insulin ['ɪnsjəlɪn]	*n.* 胰岛素
insurance company	保险公司
insurance cover	保险范围
intensify [ɪn'tensɪfaɪ]	*v.* 使加强，使强化；使变激烈
interactive [ˌɪntər'æktɪv]	*adj.* 交互式的
intercity [ˌɪntə'sɪti]	*adj.* 城市之间的
interim ['ɪntərɪm]	*adj.* 临时的，暂时的
internship ['ɪntɜːnʃɪp]	*n.* 实习岗位
interpersonal [ˌɪntə'pɜːsən(ə)l]	*adj.* 人际的；人与人之间的
introductory [ˌɪntrə'dʌktəri]	*adj.* 引导的；入门的
invalid [ɪn'vælɪd]	*adj.* 无效的

ionization [ˌaɪənaɪ'zeɪʃn]	*n.* 离子化
iron product	铁产品
iron-caster ['aɪən'kɑːstə(r)]	*n.* 铸工
ironing ['aɪənɪŋ]	*n.* 熨烫
ironworks ['aɪənwɜːks]	*n.* 钢铁厂
irrigation [ˌɪrɪ'geɪʃ(ə)n]	*n.* 灌溉
irritate ['ɪrɪteɪt]	*v.* 刺激；使烦恼
Israel ['ɪzreɪl]	*n.* 以色列
jacket ['dʒækɪt]	*n.* 夹克
jam-packed [dʒæmpækt]	*adj.* 拥挤不堪的
jaw [dʒɔː]	*n.* 下颌
jean [dʒiːn]	*n.* 牛仔裤
jet [dʒet]	*n.* 喷射口；喷气式飞机
jet lag	时差综合征
jewelry ['dʒuːəlri]	*n.* 珠宝
joint [dʒɔɪnt]	*n.* 接合处
journalism ['dʒɜːnəlɪz(ə)m]	*n.* 新闻业
judgement ['dʒʌdʒmənt]	*n.* 判断；判断力
junior ['dʒuːniə(r)]	*adj.* 地位低下的；青少年的；下级的
keycard [kiːkɑːd]	*n.* 钥匙卡
kindergarten ['kɪndəgɑːt(ə)n]	*n.* 幼儿园
knock down	拆除
lamp [læmp]	*n.* 灯；照射器
lance-shaped [lɑːnsʃeɪpt]	*adj.* 长矛状的
landlord ['lændlɔːd]	*n.* 房东
landscape ['lændskeɪp]	*n.* 景观，风景

larva ['lɑːvə]	*n.* 幼体
laser printer	激光印刷机
lash [læʃ]	*n.* 睫毛
last-minute [lɑːst'mɪnɪt]	*adj.* 最后的，紧要关头的
late-comer [leɪt'kʌmə(r)]	*n.* 后来者
latter ['lætə(r)]	*n.* 后者　*adj.* 后者的
lawyer ['lɔɪə(r)]	*n.* 律师
law firm	法律事务所
lay [leɪ]	*adj.* 外行的　*v.* 产卵
layout ['leɪaʊt]	*n.* 布局；设计
leak [liːk]	*n.* 泄漏
lecturer ['lektʃərə(r)]	*n.* 讲师
lecture hall	讲堂
legendary ['ledʒəndri]	*adj.* 传说中的；传奇的
legibly ['ledʒəbli]	*adv.* 清晰地，易辨认地
leisure time	闲暇时间
lenses ['lensɪz]	*n.* 镜头（lens 的复数）
let [let]	*v.* 出租
licence ['laɪs(ə)ns]	*n.* 许可证
lid [lɪd]	*n.* 眼睑
life-size [laɪfsaɪz]	*adj.* 与实物大小一样的
lighting ['laɪtɪŋ]	*n.* 照明设备
light meal	便餐
likelihood ['laɪklihʊd]	*n.* 可能性
limb [lɪm]	*n.* 肢；腿；臂；翼
limestone ['laɪmstəʊn]	*n.* 石灰岩

linen ['lɪnɪn]	*n.* 亚麻布，亚麻织品
liquid ['lɪkwɪd]	*n.* 液体
litre ['li:tə(r)]	*n.* 升
litter ['lɪtə(r)]	*n.* 垃圾
live up to	符合，达到预期标准
lizard ['lɪzəd]	*n.* 蜥蜴
loads of	许多，大量
loafer ['ləʊfə(r)]	*n.* 平底便鞋
localisation [ˌləʊkəlaɪ'zeɪʃən]	*n.* 本土化；定位
lodge [lɒdʒ]	*n.* 旅馆
log [lɒg]	*v.* 记录；伐木　*n.* 日志；原木
logo ['ləʊgəʊ]	*n.* 商标，徽标
lorry ['lɒri]	*n.* 卡车，货车
loss [lɒs]	*n.* 损失
low-lying [ləʊ'laɪɪŋ]	*adj.* 低洼的
loyalty ['lɔɪəlti]	*n.* 忠诚，衷心
luggage ['lʌgɪdʒ]	*n.* 行李
lump [lʌmp]	*n.* 肿块；隆起
luxury ['lʌkʃəri]	*adj.* 奢侈的　*n.* 奢侈品
macadamia [ˌmækə'deɪmiə]	*n.* 澳洲坚果，夏威夷果
Madagascar [ˌmædə'gæskə(r)]	*n.* 马达加斯加岛
major ['meɪdʒə(r)]	*adj.* 主要的
majority [mə'dʒɒrəti]	*n.* 大多数
makeup [meɪkʌp]	*n.* 化妆（品）
make-up [meɪkʌp]	*n.* 化妆（品）
Malaysia [mə'leɪʒə]	*n.* 马来西亚
unmanageable [ʌn'mænɪdʒəbl]	*adj.* 难管理的，难控制的

manner ['mænə(r)]	*n.* 方式
manually ['mænjuəli]	*adj.* 手工地
Maori ['maʊri]	*n.* 毛利语
Maori chief	毛利人首领
marine wildlife	海洋生物
submarine [ˌsʌbmə'ri:n]	*n.* 潜水艇
mark [mɑ:k]	*v.* 打分数；作记号
mark...out	划分，区分
marker ['mɑ:kə(r)]	*n.* 标识；马克笔
marketing specialist	营销专家
marsh [mɑ:ʃ]	*n.* 沼泽
marshal ['mɑ:ʃ(ə)l]	*v.* 整理　*n.* 司仪
mastercard ['mɑ:stəkɑ:d]	*n.* 万事达信用卡
mate [meɪt]	*n.* 配偶　*v.* 交配
maternity leave	产假
annual leave	年假
parental leave	育婴假
sick leave	病假
matinee ['mætɪneɪ]	*n.* 午后场演出，午场
matter ['mætə(r)]	*n.* 事情；问题
a matter of	……的问题
mature [mə'tʃʊə(r)]	*adj.* 成熟的，成年的，稳重的
measles ['mi:z(ə)lz]	*n.* 麻疹
mechanics [mə'kænɪks]	*n.* 力学，机械部件
mechanism ['mekənɪzəm]	*n.* 机制，原理
medical ['medɪk(ə)l]	*adj.* 医学的
Mediterranean [ˌmedɪtə'reɪniən]	*n.* 地中海

Melbourne ['melbən]	*n.* 墨尔本
membership ['membəʃɪp]	*n.* 会员
mentally ['mentəli]	*adv.* 智力上，精神上
mercury ['mɜːkjəri]	*n.* 汞，水银
metal ['met(ə)l]	*n.* 金属
meteorite ['miːtiəraɪt]	*n.* 陨石，流星
meter ['miːtə(r)]	*n.* 仪表
meter reading	仪表读数
microphone ['maɪkrəfəʊn]	*n.* 麦克风
microscope ['maɪkrəskəʊp]	*n.* 显微镜
microwave ['maɪkrəweɪv]	*n.* 微波
microwave oven	微波炉
migratory ['maɪgrət(ə)ri]	*adj.* 迁移的
minimum ['mɪnɪməm]	*n.* 最小化
minimum pay	最低工资
miniature ['mɪnɪtʃə(r)]	*adj.* 微型的，小型的
minority [maɪ'nɒrəti]	*n.* 少数
miraculous [mɪ'rækjələs]	*adj.* 不可思议的，奇迹般的
misunderstanding [ˌmɪsʌndə'stændɪŋ]	*n.* 误解
misuse [ˌmɪs'juːz]	*n.* 滥用
mobilise ['məʊbəlaɪz]	*v.* 调动，动员
moderate ['mɒdərət]	*adj.* 适度的
moderation [ˌmɒdə'reɪʃ(ə)n]	*n.* 适度，适中
module ['mɒdjuːl]	*n.* 模块
moisture ['mɔɪstʃə(r)]	*n.* 水分；水汽
molecule ['mɒlɪkjuːl]	*n.* 分子
monitor ['mɒnɪtə(r)]	*v.* 监视；监听

monolingual [ˌmɒnəˈlɪŋgwəl]	*adj.* 单语的；仅用一种语言的
monsoon [ˌmɒnˈsuːn]	*n.* 雨季
mosaic [məʊˈzeɪɪk]	*n.* 马赛克；镶嵌图案
motif [məʊˈtiːf]	*n.* 图形；主题，主旨
motivate [ˈməʊtɪveɪt]	*v.* 激发，激励
motivation [ˌməʊtɪˈveɪʃ(ə)n]	*n.* 动机；动力
motor vehicle	机动车
motorway [ˈməʊtəweɪ]	*n.* 高速公路
muddle [ˈmʌd(ə)l]	*v.* 使混乱
mug [mʌg]	*n.* 马克杯
multi-storey [ˈmʌltiˈstɔːri]	*adj.* 多层的
Munich University	慕尼黑大学
municipal [mjuːˈnɪsɪp(ə)l]	*adj.* 地方政府的，市政的
muscle [ˈmʌs(ə)l]	*n.* 肌肉
muscle pain	肌肉疼痛
myriad [ˈmɪriəd]	*adj.* 无数的
mystical [ˈmɪstɪkl]	*adj.* 神秘的
nail [neɪl]	*n.* 指甲
nanny [ˈnæni]	*n.* 保姆
narration [nəˈreɪʃn]	*n.* 叙述，讲述
narrative [ˈnærətɪv]	*n.* 叙述，讲述；记叙文；故事
narrowly [ˈnærəʊli]	*adv.* 狭隘地；仔细地；勉强地
nasal [ˈneɪz(ə)l]	*adj.* 鼻的
national minimum wage	国家最低工资标准
native to	土生土长在
navigable [ˈnævɪgəb(ə)l]	*adj.* 可航行的
nearby [ˌnɪəˈbaɪ]	*adj.* 附近的

negotiate [nɪ'gəʊʃieɪt]	*v.* 谈判，协商
nervous ['nɜːvəs]	*adj.* 紧张的
nesting site	筑巢区
netball ['netbɔːl]	*n.* 无挡板篮球
neurobiologist [njʊərəʊbaɪ'ɒlədʒɪ]	*n.* 神经生物学家
New Zealander	新西兰人
newcomer ['njuːkʌmə(r)]	*n.* 新手
newsletter ['njuːzletə(r)]	*n.* 时事通讯
newsreel ['njuːzriːl]	*n.* 新闻影片
Nigeria [naɪ'dʒɪəriə]	*n.* 尼日利亚
nitrogen ['naɪtrədʒən]	*n.* 氮
nitty-gritty ['nɪti'grɪti]	*n.* 基本事实
Nobel Prize	诺贝尔奖
nobly ['nəʊbli]	*adv.* 高贵地；华丽地
nominate ['nɒmɪneɪt]	*v.* 提名，任命，指定
nominated beneficiary	被指定的受益人
non-smoking [nɒn'sməʊkɪŋ]	*adj.* 禁止吸烟的
note [nəʊt]	*n.* 纸币
notice ['nəʊtɪs]	*n.* 注意
notification [ˌnəʊtɪfɪ'keɪʃ(ə)n]	*n.* 通知
nursery ['nɜːsəri]	*n.* 育儿室
nursery school	幼儿园
observatory [əb'zɜːvətri]	*n.* 天文台，气象台
obsessive [əb'sesɪv]	*adj.* 着迷的，急迫的
obvious ['ɒbviəs]	*adj.* 明显的
obviously ['ɒbviəsli]	*adv.* 明显地
occasional [ə'keɪʒən(ə)l]	*adj.* 偶然的；临时的

occupational [ˌɒkju'peɪʃən(ə)l]	*adj.* 职业的
officially [ə'fɪʃəli]	*adv.* 官方地，正式地
ointment ['ɔɪntmənt]	*n.* 药膏
on a daily basis	每天
on the premises	在……前提下
oncoming ['ɒnkʌmɪŋ]	*adj.* 即将来临的
one line	一行
one-off [wʌnɒf]	*adj.* 一次性的
online [ˌɒn'laɪn]	*adj.* 在线的
on-the-job [ɒnðədʒɒb]	在职的
open to traffic	通车
open-air ['əʊpəneə(r)]	*adj.* 户外的
opera ['ɒprə]	*n.* 歌剧
opera-house ['ɒprəhaʊs]	*n.* 歌剧院
operate ['ɒpəreɪt]	*v.* 操作
optional ['ɒpʃən(ə)l]	*adj.* 可选择的
opulence ['ɒpjələns]	*n.* 富裕
orchestra ['ɔːkɪstrə]	*n.* 管弦乐队
organization [ˌɔːgənaɪ'zeɪʃn]	*n.* 组织，机构
orientation [ˌɔːriən'teɪʃ(ə)n]	*n.* 方向；目标；情况介绍
disorientated [dɪs'ɔːrianteɪtɪd]	*adj.* 迷失方向的；不知所措的
out of proportion	不成比例
outlay ['aʊtleɪ]	*n.* 费用，支出
outrageous [aʊt'reɪdʒəs]	*adj.* 令人吃惊的
outsider [ˌaʊt'saɪdə(r)]	*n.* 外人
oval ['əʊv(ə)l]	*adj.* 椭圆状的

overlap [ˌəʊvəˈlæp]	*v.* 交叠；（时间上）部分重叠
overlook [ˌəʊvəˈlʊk]	*v.* 俯瞰
overnight [ˌəʊvəˈnaɪt]	*adv.* 一夜之间；在晚上
overseas [ˌəʊvəˈsiːz]	*adj.* 海外的，国外的
overtime [ˈəʊvətaɪm]	*adj.* 加班的，超时的
overwhelming [ˌəʊvəˈwelmɪŋ]	*adj.* 压倒性的，势不可挡的
owe [əʊ]	*v.* 欠，归因于
pack [pæk]	*n.* 包裹，背包
package [ˈpækɪdʒ]	*n.* 包裹；一套东西
packaging [ˈpækɪdʒɪŋ]	*n.* 包装
painter [ˈpeɪntə(r)]	*n.* 画家
painting [ˈpeɪntɪŋ]	*n.* 绘画
palace [ˈpæləs]	*n.* 宫殿，宅邸
palm [pɑːm]	*n.* 棕榈树
panic [ˈpænɪk]	*v.* 惊慌，恐慌
paperwork [ˈpeɪpəwɜːk]	*n.* 文书工作
paragliding [ˈpærəglaɪdɪŋ]	*n.* 高崖跳伞运动，滑翔伞运动
skydiver [ˈskaɪdaɪvə(r)]	*n.* 跳伞运动员
paralyse [ˈpærəlaɪz]	*v.* 使瘫痪，使无力
parasite [ˈpærəsaɪt]	*n.* 寄生虫
parking [ˈpɑːkɪŋ]	*n.* 停车
parking facility	停车设施
parking zone	停车区
partially [ˈpɑːʃəli]	*adv.* 部分地
particular [pəˈtɪkjələ(r)]	*adj.* 特定的
partly [ˈpɑːtli]	*adv.* 部分地

partnership ['pɑːtnəʃɪp]	*n.* 合伙关系
passenger ['pæsɪndʒə(r)]	*n.* 乘客
passionate ['pæʃənət]	*adj.* 热情的，热烈的
passport ['pɑːspɔːt]	*n.* 护照
passport-sized ['pɑːspɔːtsaɪzd]	*adj.* 护照尺寸的
password ['pɑːswɜːd]	*n.* 密码
pastime ['pɑːstaɪm]	*n.* 休闲，娱乐
pastry ['peɪstri]	*n.* 油酥点心，糕点
patch [pætʃ]	*n.* 小块土地
patent ['pæt(ə)nt]	*adj.* 明显的；专利的 *v.* 取得……的专利权
patron ['peɪtrən]	*n.* 赞助人
patterned belt	带花纹的腰带
pause [pɔːz]	*v.* 暂停
pay cash	付现金
gross pay	工资总额
paycheck ['peɪtʃek]	*n.* 付薪水的支票
payroll ['peɪrəʊl]	*n.* 工资单
peaceful ['piːsf(ə)l]	*adj.* 和平的，平静的
peak [piːk]	*n.* 山峰，巅峰 *adj.* 最高的 *v.* 达到高点
off-peak [ɒfpiːk]	*adj.* 非高峰时间的
pelican ['pelɪkən]	*n.* 鹈鹕
penetration [ˌpenə'treɪʃ(ə)n]	*n.* 渗入
pepper ['pepə(r)]	*n.* 胡椒
per capita	人均
period ['pɪəriəd]	*n.* 时期

perplexed [pə'plekst]	*adj.* 困惑的
persevere [ˌpɜːsə'vɪə(r)]	*v.* 坚持
personal identification number (PIN)	个人身份证号码
persuasive [pə'sweɪsɪv]	*adj.* 有说服力的
pesticide ['pestɪsaɪd]	*n.* 杀虫剂
pharmacist ['fɑːməsɪst]	*n.* 药剂师
pharmacy ['fɑːməsi]	*n.* 药房；药剂学；制药业
photocopier ['fəʊtəʊkɒpiə(r)]	*n.* 复印机
photocopy ['fəʊtəʊkɒpi]	*v.* 影印
photography [fə'tɒgrəfi]	*n.* 摄影
phrase [freɪz]	*n.* 短语，词组，成语
phytoplankton [ˌfaɪtə'plæŋktən]	*n.* 浮游植物
pick up	获得；接人
pier [pɪə(r)]	*n.* 桥墩
pillow case	开口式枕套
placement ['pleɪsmənt]	*n.* （对人的）安置，安排
plagiarise ['pleɪdʒəraɪz]	*v.* 抄袭
plankton ['plæŋktən]	*n.* 浮游生物
plasterer ['plɑːstərə(r)]	*n.* 泥水匠，石膏匠
plentiful ['plentɪf(ə)l]	*adj.* 丰富的
pocket-sized ['pɒkɪtsaɪzd]	*adj.* 袖珍的
podium ['pəʊdiəm]	*n.* 讲台
poetry ['pəʊətri]	*n.* 诗歌
pollution [pə'luːʃ(ə)n]	*n.* 污染
portfolio [pɔːt'fəʊliəʊ]	*n.* 文件夹
position [pə'zɪʃ(ə)n]	*v.* 安置；安装；使处于
positive ['pɒzətɪv]	*adj.* 积极的

postage and packing charge	邮资和包装费
poster ['pəʊstə(r)]	*n.* 海报，广告
post ['pəʊst]	*n.* 职位；要职
practicable ['præktɪkəbl]	*adj.* 可用的，行得通的
prairie ['preəri]	*n.* 大草原
pre-arranged ['priːə'reɪndʒd]	*adj.* 预先准备好的
predict [prɪ'dɪkt]	*v.* 预料；预测
unpredictable [ˌʌnprɪ'dɪktəbl]	*adj.* 不可预测的
pre-existing ['priːɪg'zɪstɪŋ]	*adj.* 先存在的
preferably ['prefrəbli]	*adv.* 更好地；更适宜地
pregnant ['pregnənt]	*adj.* 怀孕的
premier ['premiə(r)]	*adj.* 第一的，最初的
prescription [prɪ'skrɪpʃn]	*n.* 药方
pressed [prest]	*adj.* 紧缺的；压平的
preventive [prɪ'ventɪv]	*adj.* 预防的
primarily [praɪ'merəli]	*adv.* 主要
prime minister	首相，总理
primitive ['prɪmətɪv]	*adj.* 原始的，简单的
principal ['prɪnsəp(ə)l]	*adj.* 首要的，最重要的　*n.* 资金；校长
print out	（打）印出
prior ['praɪə(r)]	*adj.* 之前的
prior to	在……之前
prioritise [praɪ'ɒrətaɪz]	*v.* 给予……优先权，按优先顺序处理
priority [praɪ'ɒrəti]	*n.* 优先权
probability [ˌprɒbə'bɪləti]	*n.* 可能性
procedure [prə'siːdʒə(r)]	*n.* 程序
proceed [prə'siːd]	*v.* 继续做；行进

process ['prəʊses]	*n.* 过程，进程
professionally [prə'feʃənəli]	*adv.* 专业地，娴熟地
professional image	职业形象，专业形象
professor [prə'fesə(r)]	*n.* 教授
profit ['prɒfɪt]	*n.* 利润；利益　*v.* 有益于
profitable ['prɒfɪtəb(ə)l]	*adj.* 赚钱的，有利可图的
non-profit [nɒn'prɒfɪt]	*adj.* 非营利的
progression [prə'greʃ(ə)n]	*n.* 连续
progressively [prə'gresɪvli]	*adv.* 渐进地
prohibit [prə'hɪbɪt]	*v.* 禁止
project ['prɒdʒekt]	*n.* 计划；项目　*v.* 展现
promote [prə'məʊt]	*v.* 提升，促进
promoter [prə'məʊtə(r)]	*n.* 发起人
promotion [prə'məʊʃ(ə)n]	*n.* 晋升；提升
promptly ['prɒmptli]	*adv.* 迅速地；立即地；敏捷地
prop [prɒp]	*n.* 道具；支柱
propel [prə'pel]	*v.* 推进，推动
properly ['prɒpəli]	*adv.* 完全地；适当地
prosperity [prɒ'sperəti]	*n.* 繁荣
prosperous ['prɒspərəs]	*adj.* 繁荣的，兴旺的
prospective employer	潜在雇主
proud [praʊd]	*adj.* 自豪的
proverb ['prɒvɜːb]	*n.* 谚语，格言
provided [prə'vaɪdɪd]	*conj.* 假如，倘若
provisional [prə'vɪʒən(ə)l]	*adj.* 临时的，暂时的
psychometric [ˌsaɪkə'metrɪk]	*adj.* 心理测量的
publishing ['pʌblɪʃɪŋ]	*n.* 出版

pulse [pʌls]	*n.* 脉搏；脉冲
punctual ['pʌŋktʃuəl]	*adj.* 准时的，守时的；精确的
pupa ['pju:pə]	*n.* 蛹
purchase ['pɜ:tʃəs]	*v.* 购买
pure cotton	纯棉
put an end to	终止，结束
qualified ['kwɒlɪfaɪd]	*adj.* 有资格的，合格的
qualification [ˌkwɒlɪfɪ'keɪʃ(ə)n]	*n.* 资格；资历
query ['kwɪəri]	*n.* 疑问，询问
questionnaire [ˌkwestʃə'neə(r)]	*n.* 调查问卷
queue [kju:]	*v.* 排队
quick-service [kwɪk'sɜ:vɪs]	*n.* 特快服务
express delivery service	快递服务
take away service	外卖服务
home delivery service	送货上门服务
radius ['reɪdiəs]	*n.* 半径范围
raft [rɑ:ft]	*n.* 橡皮艇；木筏
rage [reɪdʒ]	*v.* 发怒；肆虐
range [reɪndʒ]	*n.* 范围；区间
a range of	一系列
ranger ['reɪndʒə(r)]	*n.* 护林员，巡逻队
react [ri'ækt]	*v.* 反应
reap [ri:p]	*v.* 收获，收割
rear light	尾灯，后灯
reasonable ['ri:znəbl]	*adj.* 合理的
reasonably ['ri:z(ə)nəbli]	*adv.* 合理地
receipt [rɪ'si:t]	*n.* 收据

reception [rɪ'sepʃ(ə)n]	*n.* 接待，接收；接待处
receptionist [rɪ'sepʃənɪst]	*n.* 接待员
recipe ['resəpi]	*n.* 食谱
recipe book	食谱书
reclaim [rɪ'kleɪm]	*v.* 回收再利用
recommended [ˌrekə'mendɪd]	*adj.* 被推荐的
reconstructed [ˌri:kən'strʌktɪd]	*adj.* 重建的，改造的
under construction	在建设中
recorded [rɪ'kɔ:dɪd]	*adj.* 记录的
recreation [ˌri:kri'eɪʃn]	*n.* 娱乐，消遣
recruit [rɪ'kru:t]	*v.* 招聘
recruitment [rɪ'kru:tmənt]	*n.* 招募；招聘
rectify ['rektɪfaɪ]	*v.* 改正
reef [ri:f]	*n.* 礁
refectory [rɪ'fektəri]	*n.* 食堂
refer to	提及；参考；指
reference manual	参考手册
reference number	参考号码
reflect off	反射
refund ['ri:fʌnd]	*n.* 退款　*v.* 退还
refundable [rɪ'fʌndəb(ə)l]	*adj.* 可退还的
non-refundable [nɒnrɪ'fʌndəb(ə)l]	*adj.* 不可退还的
refurbishment [ˌri:'fɜ:bɪʃmənt]	*n.* 整修
regarding [rɪ'gɑ:dɪŋ]	*prep.* 关于
regenerate [rɪ'dʒenəreɪt]	*v.* 再生
regeneration [rɪˌdʒenə'reɪʃn]	*n.* 再生；重建
register ['redʒɪstə(r)]	*v.* 注册；记录

registration [ˌredʒɪ'streɪʃ(ə)n]	*n.* 登记，注册
regret [rɪ'gret]	*v.* 悔恨，后悔
regularly ['regjələli]	*adv.* 按计划地，定期地
rehearsal [rɪ'hɜːs(ə)l]	*n.* 排练
rehearse [rɪ'hɜːs]	*v.* 排练，预演
reign [reɪn]	*n.* 统治
related [rɪ'leɪtɪd]	*adj.* 相关的
relative ['relətɪv]	*n.* 亲属
business-related ['bɪznəsrɪ'leɪtɪd]	*adj.* 商务相关的
unrelated [ˌʌnrɪ'leɪtɪd]	*adj.* 无关的
relaxation [ˌriːlæk'seɪʃ(ə)n]	*n.* 放松
religious [rɪ'lɪdʒəs]	*adj.* 宗教的
relocate [ˌriːləʊ'keɪt]	*v.* 重新安置
remaining [rɪ'meɪnɪŋ]	*adj.* 剩余的
remedial [rɪ'miːdiəl]	*adj.* 治疗的
remnant ['remnənt]	*n.* 残余部分；剩余部分
removal [rɪ'muːv(ə)l]	*n.* 免职；移除
remuneration [rɪˌmjuːnə'reɪʃ(ə)n]	*n.* 酬金
renaissance [rɪ'neɪs(ə)ns]	*n.* 文艺复兴
rent [rent]	*n.* 租金　*v.* 出租，租借
rental ['rent(ə)l]	*n.* 租金
repeat [rɪ'piːt]	*v.* 重复
repertoire ['repətwɑː(r)]	*n.* 全部节目
replacement [rɪ'pleɪsmənt]	*n.* 代替
replenish [rɪ'plenɪʃ]	*v.* 补充，重新装满
replenishment [rɪ'plenɪʃmənt]	*n.* 补充
reply to	回答，回复

reproduce [ˌri:prə'dju:s]	*v.* 繁殖
reptile ['reptaɪl]	*n.* 爬行动物
reputable ['repjətəb(ə)l]	*adj.* 声誉好的
reputation [ˌrepju'teɪʃ(ə)n]	*n.* 声誉
be reputed to	被认为
research [rɪ'sɜ:tʃ]	*n.* 研究
resemble [rɪ'zemb(ə)l]	*v.* 像
reservation staff	预订员
respond to	对……做出反应
respray ['ri:spreɪ]	*n.* 重喷，重新喷漆
restore [rɪ'stɔ:(r)]	*v.* 修复，恢复
retail ['ri:teɪl]	*n.* 零售
return [rɪ'tɜ:rn]	*v.* 返回
revenue ['revənju:]	*n.* 收益
Revenue and Customs	税务及海关总署
risk [rɪsk]	*n.* 风险
rival ['raɪv(ə)l]	*v.* 比得上　*n.* 竞争对手
riverbank ['rɪvəbæŋk]	*n.* 河岸
roam [rəʊm]	*v.* 闲逛；漫游
roaring ['rɔ:rɪŋ]	*adj.* 轰鸣的
robbery ['rɒbəri]	*n.* 抢劫
role [rəʊl]	*n.* 角色
room [ru:m]	*n.* 空间
conference room	会议室
round up	使成整数
royal ['rɔɪəl]	*adj.* 皇家的
ruin ['ru:ɪn]	*v.* 毁灭

rumour ['ru:mə(r)]	*v.* 谣传　*n.* 谣言，传闻
run-off [rʌnɒf]	*n.* 附加赛；地表径流
rushed [rʌʃt]	*adj.* 匆忙的
sack [sæk]	*n.* 麻布袋
safari [sə'fɑ:ri]	*n.* 游猎；长途旅行
safety department	安全部门
sail through	顺利通过
salary pension scheme	薪酬抚恤金计划
salon ['sælɒn]	*n.* 沙龙；美发厅
salt pans	盐田
salute [sə'lu:t]	*v.* 向……打招呼，致敬
salvage ['sælvɪdʒ]	*n.* 抢救；打捞
samba ['sæmbə]	*n.* 桑巴舞
sauce [sɔ:s]	*n.* 酱油
sausage ['sɒsɪdʒ]	*n.* 香肠
saver ['seɪvə(r)]	*n.* 救助者
saving ['seɪvɪŋ]	*n.* 节约；储蓄
sawdust ['sɔ:dʌst]	*n.* 锯木屑
scamper ['skæmpə(r)]	*v.* 蹦蹦跳跳；奔跑
Scandinavia [ˌskændɪ'neɪviə]	*n.* 斯堪的纳维亚（半岛）
scan [skæn]	*v.* 扫描；审视；浏览
scare [skeə(r)]	*v.* 使惊恐，害怕
scarf [skɑ:f]	*n.* 围巾
scenario [sə'nɑ:riəʊ]	*n.* 方案；剧本
scenic ['si:nɪk]	*adj.* 风景优美的
scheduled ['ʃedju:ld]	*adj.* 预先安排的
schoolmate ['sku:lmeɪt]	*n.* 同学

score [skɔː(r)]	*v.* 评价　*n.* 成绩，得分
scope [skəʊp]	*n.* 范围
scout [skaʊt]	*v.* 侦查；搜寻　*n.* 侦查员
scrap [skræp]	*v.* 报废
secretary ['sekrət(ə)ri]	*n.* 秘书，文书
section ['sekʃ(ə)n]	*n.* 部分；截面
selection [sɪ'lekʃ(ə)n]	*n.* 被选中者；选择；挑选
self-assessment	自我评价
self-drive [selfdraɪv]	*adj.* 租车人自行驾驶的
self-help [selfhelp]	*n.* 自助；自救
semi-circle ['semi'sɜːk(ə)l]	*n.* 半圆
seminar ['semɪnɑː(r)]	*n.* 研讨会；专题讨论会
senior ['siːniə(r)]	*adj.* 年长的，级别较高的
senior citizen	老年人，年长者
sensible ['sensəb(ə)l]	*adj.* 明智的，通情达理的
serial ['sɪəriəl]	*adj.* 连续的，连载的　*n.* 电视连续剧
setting ['setɪŋ]	*n.* 布置，环境
set aside	留出
set up	建立
settler ['setlə(r)]	*n.* 移居者；殖民者
sewage ['suːɪdʒ]	*n.* （下水道的）污水，污物
shed new light on	为……提供更多线索
shelves [ʃelvz]	*n.* 架子（shelf 的复数）
short play	短剧
shower ['ʃaʊə(r)]	*n.* 淋浴
shrink [ʃrɪŋk]	*v.* 收缩；畏缩

non-shrink [nɒnʃrɪŋk]	*adj.* 不缩水的
shutdown ['ʃʌtdaʊn]	*n.* 停工
shuttle bus	班车
sickle ['sɪkl]	*n.* 镰刀
sickle-shaped ['sɪklʃeɪpt]	*adj.* 镰刀形的
sickness ['sɪknəs]	*n.* 疾病
sift [sɪft]	*v.* 筛（选），甄别
sight-read [saɪtri:d]	*v.* 即兴朗读；即兴演奏
signature ['sɪgnətʃə(r)]	*n.* 签名，签署
silk [sɪlk]	*n.* 丝绸
simultaneously [ˌsɪm(ə)l'teɪniəsli]	*adv.* 同时地
Singapore [ˌsɪŋə'pɔ:(r)]	*n.* 新加坡
sizeable ['saɪzəb(ə)l]	*adj.* 相当大的
ski resort	滑雪胜地
skim [skɪm]	*v.* 掠过；略读
slam [slæm]	*v.* 猛击
slaughter ['slɔ:tə(r)]	*v.* 屠杀
sleek [sli:k]	*adj.* 光滑的；圆滑的
sleeper ['sli:pə(r)]	*n.* 卧铺
sleep-walking [sli:p'wɔ:kɪŋ]	*n.* 梦游
pre-sleep ['pri:sli:p]	*adj.* 睡前的
slide [slaɪd]	*v.* 滑动，滑落
slot [slɒt]	*n.* 狭槽，窄缝；插槽；时段
sludge [slʌdʒ]	*n.* 泥浆，烂泥
smartcard [s'mɑ:tkɑ:d]	*n.* 智能卡
snack [snæk]	*n.* 小吃，快餐；零食
snail [sneɪl]	*n.* 蜗牛

snakebite ['sneɪkbaɪt]	*n.* 蛇咬伤
sneeze ['sniːz]	*n.* 喷嚏
snorkeller ['snɔː(r)k(ə)]	*n.* 浮潜者
soak into	浸入
soapy ['səʊpi]	*adj.* 涂有肥皂的
socialize ['səʊʃəlaɪz]	*v.* 使社会化
sock [sɒk]	*n.* 短袜
soft drink	软饮料，不含酒精的饮料
soft furnishing	软装
solicitor [sə'lɪsɪtə(r)]	*n.* 初级律师
sore throat	咽喉痛，嗓子痛
soup [suːp]	*n.* 汤
spade [speɪd]	*n.* 铁锹，铲子
spam [spæm]	*n.* 垃圾邮件
span [spæn]	*n.* 跨度，范围
a short attention span	不能长时间集中注意力
spare land	闲置土地
specialise in	主营，专营
spectacular cliffs	壮观的悬崖
speculator ['spekjuleɪtə(r)]	*n.* 投机者
sphere [sfɪə(r)]	*n.* 范围
spine [spaɪn]	*n.* 刺，脊椎
spiraling ['spaɪrəlɪŋ]	*adj.* 螺旋形的
splendor ['splendə(r)]	*n.* 壮丽，显赫
sponge [spʌndʒ]	*n.* 海绵
sponsor ['spɒnsə(r)]	*n.* 赞助者
sponsorship ['spɒnsəʃɪp]	*n.* 资助，支持

spreadsheet ['spredʃi:t]	*n.* 电子数据表
spring a leak	出现漏洞
squash [skwɒʃ]	*n.* 壁球
stabilise ['steɪbəlaɪz]	*v.* 使稳固；使稳定
staffing ['stɑ:fɪŋ]	*n.* 安置职工，人事
stamina ['stæmɪnə]	*n.* 精力，耐力；毅力
stamp [stæmp]	*v.* 盖章，贴邮票
standard class	标准舱
standby ['stændbaɪ]	*adj.* 备用的
standing ['stændɪŋ]	*n.* 身份
stare [steə(r)]	*v.* 凝视，注视
start [stɑ:t]	*v.* 开始；启动
start off	开始
start up	开始，发动
starting point	起点
state forest	国家森林
stated budget	规定的预算
stationer ['steɪʃənə(r)]	*n.* 文具店；文具商
stationery ['steɪʃənri]	*n.* 文具
statutory ['stætʃətri]	*adj.* 法定的
stealing ['sti:lɪŋ]	*n.* 偷盗
steam [sti:m]	*n.* 蒸汽
steel-making [sti:l'meɪkɪŋ]	*n.* 炼钢
steer clear of	绕开，避开
steward ['stju:əd]	*n.* 管家
still-life [stɪllaɪf]	*adj.* 静物的

stilted ['stɪltɪd]	*adj.* 生硬的，不自然的
stitch [stɪtʃ]	*n./v.* 缝；缝线；用针缝合
stomach ['stʌmək]	*n.* 胃，腹部
storm drain	雨水沟，雨水道
story-telling ['stɔ:ri'telɪŋ]	*adj.* 讲故事的
strap [stræp]	*v.* 捆绑，捆扎
stray [streɪ]	*v.* 偏离正题
stretch back	追溯
student representative council	学生代表委员会
studio ['stju:diəʊ]	*n.* 电影制片厂；演播室
stuffy nose	鼻塞
stunning ['stʌnɪŋ]	*adj.* 极好的；令人震惊的
stuntman ['stʌntmæn]	*n.* 特技表演者
be subject to	受……支配；使服从
subsidise ['sʌbsɪdaɪz]	*v.* 资助，给……补助金
suitcase ['su:tkeɪs]	*n.* 手提箱，旅行箱
sun-baked [sʌnbeɪkt]	*adj.* 晒干的，日晒的
sunny ['sʌni]	*adj.* 晴朗的
superb [su:'pɜ:b]	*adj.* 华丽的，极好的
superior [su:'pɪəriə(r)]	*n.* 上级
supernatural [ˌsu:pə'nætʃrəl]	*adj.* 超自然的
supersede [ˌsu:pə'si:d]	*v.* 取代，代替
supervisor ['su:pəvaɪzə(r)]	*n.* 监督者，监管者
supply [sə'plaɪ]	*n.* 供给　*v.* 提供
supplier [sə'plaɪə(r)]	*n.* 供应商

supporting [sə'pɔ:tɪŋ]	*adj.* 次要的；配角的；能确认的；支承的
surgery ['sɜ:dʒəri]	*n.* 手术
surveyor [sə'veɪə(r)]	*n.* 测量员，检验员
survivor [sə'vaɪvə(r)]	*n.* 幸存者
suspect [sə'spekt]	*v.* 怀疑
suspension [sə'spenʃ(ə)n]	*n.* 暂停；悬架
sustained attention	持久性注意力
swan [swɒn]	*n.* 天鹅
Swedish ['swi:dɪʃ]	*adj.* 瑞典的
sweep up	清扫，清理
swing into action	立刻行动起来
syrup ['sɪrəp]	*n.* 糖浆
take advantage of	利用
talent ['tælənt]	*n.* 天资；天赋，天才
tame [teɪm]	*v.* 制服
tamper ['tæmpə(r)]	*v.* 篡改
tasteful ['teɪstfl]	*adj.* 高雅的，雅致的
taxation [tæk'seɪʃn]	*n.* 征税；税款
tax year	纳税年度
taxing ['tæksɪŋ]	*adj.* 费力的
pre-tax ['pri:tæks]	*adj.* 税前的
tea cloths	吃茶点用的小台布
telemarketing ['telimɑ:kɪtɪŋ]	*n.* 电话推销
teller machine	柜员机
tennis court	网球场
tense [tens]	*n.* 时态　*adj.* 紧张的
term [tɜ:m]	*n.* 条款

terminal ['tɜːmɪn(ə)l]	*adj.* 末端的；终点的；晚期的
testament ['testəmənt]	*n.* 证据，证明
Thailand ['taɪlænd]	*n.* 泰国
theatrical [θi'ætrɪk(ə)l]	*adj.* 戏剧性的
thought-out plan	周全的计划
thrill [θrɪl]	*n.* 兴奋
throat [θrəʊt]	*n.* 喉咙
thrust [θrʌst]	*n.* 推力
thwart [θwɔːt]	*v.* 挫败；阻挠
ticket ['tɪkɪt]	*v.* 对……开交通违规罚单
tighten ['taɪt(ə)n]	*v.* 变紧
time travel	时间旅行
timetable ['taɪmteɪb(ə)l]	*n.* 时间表
title ['taɪt(ə)l]	*n.* 题目　*v.* 把……称为，加标题
to a lesser extent	在较小程度上
toilet ['tɔɪlət]	*n.* 厕所
tolerate ['tɒləreɪt]	*v.* 忍受
top [tɒp]	*v.* 超过……；达到……的顶点
topic ['tɒpɪk]	*n.* 主题，题目
topography [tə'pɒgrəfi]	*n.* 地形
torn [tɔːn]	*adj.* 犹豫的
trade fair	商品交易会，贸易展销会
training ['treɪnɪŋ]	*n.* 训练
untrained [ˌʌn'treɪnd]	*adj.* 未经训练的
tranquilliser ['træŋkwilaizə]	*n.* 镇静剂
transition [træn'zɪʃ(ə)n]	*n.* 转变
transferable [træns'fɜːrəb(ə)l]	*adj.* 可转让的

transit passenger	过境旅客
travelled ['trævld]	*adj.* 有过……次旅行的
travelogue ['trævəlɒg]	*n.* 旅行见闻讲座
treatise ['tri:tɪs]	*n.* 论文
tree-dwelling [tri:'dwelɪŋ]	*adj.* 居住在树上的，树居的
tropical fruit growth	热带水果生长
truancy ['tru:ənsi]	*n.* 旷课；逃学
tuna ['tju:nə]	*n.* 金枪鱼
Turkish ['tɜ:kɪʃ]	*adj.* 土耳其的
turn out	结果是
turn up	出现
turnaround ['tɜ:nəraʊnd]	*n.* 好转，转机
turnover ['tɜ:nəʊvə(r)]	*n.* 营业额
tutorial [tju:'tɔ:riəl]	*adj.* 辅导的，家庭教师的 *n.* 个别指导
ultra-modern ['ʌltrə'mɒd(ə)n]	*adj.* 超现代化的
unaccompanied [ˌʌnə'kʌmpənid]	*adj.* 无人陪同的
unauthorized [ʌn'ɔ:θəraɪzd]	*adj.* 非法的；未被授权的
unbeatable [ʌn'bi:təb(ə)l]	*adj.* 无敌的，无与伦比的
uncontested [ˌʌnkən'testɪd]	*adj.* 无竞争的
undertaking [ˌʌndə'teɪkɪŋ]	*n.* 任务，工作
undistinguished [ˌʌndɪ'stɪŋgwɪʃt]	*adj.* 平凡的；混杂的
unheard of	前所未闻的
unimpeded [ˌʌnɪm'pi:dɪd]	*adj.* 畅通无阻的
uninhabited [ˌʌnɪn'hæbɪtɪd]	*adj.* 无人居住的
uninterrupted [ˌʌnˌɪntə'rʌptɪd]	*adj.* 不受阻挡的；不间断的；持续不断的
union ['ju:niən]	*n.* 工会
union representative	工会代表

unpaid [ˌʌn'peɪd]	*adj.* 未付的
prepaid [ˌpriː'peɪd]	*adj.* 先付的
well-paid [welpeɪd]	*adj.* 薪酬优厚的
unparalleled [ʌn'pærəleld]	*adj.* 无比的，空前的
unploughed [ʌn'plaʊd]	*adj.* 未耕的；未加工的
unplug [ˌʌn'plʌg]	*v.* 拔掉电源
unravel [ʌn'ræv(ə)l]	*v.* 解开，揭开
unrealistic [ˌʌnrɪə'lɪstɪk]	*adj.* 不切实际的
unsolicited [ˌʌnsə'lɪsɪtɪd]	*adj.* 未经请求的
unsound [ˌʌn'saʊnd]	*adj.* 不健全的；不稳妥的；不牢靠的
unspoilt village	未被破坏的村庄
update [ˌʌp'deɪt]	*n.* 更新
utter ['ʌtə(r)]	*adj.* 彻底的，完全的 *v.* 说，讲
vacancy ['veɪkənsi]	*n.* 空缺，空白
vaccination [ˌvæksɪ'neɪʃ(ə)n]	*n.* 疫苗接种
valuable ['væljuəb(ə)l]	*adj.* 宝贵的，有价值的
van [væn]	*n.* 厢式货车
vandalism ['vændəlɪzəm]	*n.* 蓄意破坏
vapour ['veɪpə(r)]	*n.* 蒸汽（等于 vapor）；水蒸气
iodine vapour	碘蒸气
varnish ['vɑːnɪʃ]	*n.* 清漆，亮光漆
vary from	不同
veer [vɪə(r)]	*v.* 转向；偏离
venomous ['venəməs]	*adj.* 有毒的
vent [vent]	*n.* 出口
venue ['venjuː]	*n.* 举办地点；聚会地点
verbally ['vɜːbəli]	*adv.* 口头上

vertebrate ['vɜːtɪbrət]	*n.* 脊椎动物
vertically ['vɜːtɪkli]	*adv.* 垂直地
vertical line	垂直线
veterinary ['vetnri]	*n.* 兽医　*adj.* 兽医的
vigilance ['vɪdʒɪləns]	*n.* 警惕；警戒
violation [ˌvaɪə'leɪʃ(ə)n]	*n.* 违反，违背
viral ['vaɪrəl]	*adj.* 病毒性的
virus ['vaɪrəs]	*n.* 病毒
visa application	签证申请
visible ['vɪzəb(ə)l]	*adj.* 可见的
visual ['vɪʒuəl]	*adj.* 视觉的
visualise ['vɪʒʊəˌlaɪz]	*v.* 使形象化
vocational [vəʊ'keɪʃən(ə)l]	*adj.* 职业的
voice [vɔɪs]	*v.* 表达　*n.* 声音
voice-over [vɔɪs'əʊvə(r)]	*n.* 画外音，旁白
volume ['vɒljuːm]	*n.* 体积；容量；大量
high-volume [haɪ'vɒljuːm]	*adj.* 大容量的
a large volume of	大量的
voucher ['vaʊtʃə(r)]	*n.* 代金券
wade [weɪd]	*v.* 跋涉，涉，蹚（水或淤泥等）
wag [wæg]	*v.* 摇摆
wage [weɪdʒ]	*n.* 薪酬（多指周薪）
waggle ['wæg(ə)l]	*v.* 摇摆
warfare ['wɔːfeə(r)]	*n.* 战争；冲突
post-war [pəʊstwɔː(r)]	*adj.* 战后的
pre-war ['priːwɔː(r)]	*adj.* 战前的
warm up	变热

warning ['wɔ:nɪŋ]	***n.*** 警告
without warning	毫无预兆地
washing area	洗漱区
wastage ['weɪstɪdʒ]	***n.*** 损耗；衰老
water pump	抽水机，水泵
watercolor ['wɔ:tərkʌlər]	***n.*** 水彩；水彩画
waterproof ['wɔ:təpru:f]	***adj.*** 防水的
water-saving ['wɔ:tə(r)'seɪvɪŋ]	***adj.*** 节水的
wealth [welθ]	***n.*** 财富
wean [wi:n]	***v.*** 使断奶　***n.*** 小儿
web-based [webbeɪst]	***adj.*** 基于网络的
wedge [wedʒ]	***v.*** 楔入；挤进
weld [weld]	***v.*** 焊接
well-being [wel'bi:ɪŋ]	***n.*** 健康；幸福
well-established [welɪ'stæblɪʃt]	***adj.*** 地位稳固的；树立起声誉的
wharf [wɔ:f]	***n.*** 码头
wheelchair ['wi:ltʃeə(r)]	***n.*** 轮椅
wildebeest ['wɪldəbi:st]	***n.*** 牛羚
wildness ['waɪldnəs]	***n.*** 野蛮；原始
wing [wɪŋ]	***n.*** 翼，翅膀
wink [wɪŋk]	***v.*** 眨眼
wipe out	擦净；彻底摧毁
withstand [wɪð'stænd]	***v.*** 承受，经受
woe [wəʊ]	***n.*** 麻烦，问题；痛苦
wood [wʊd]	***n.*** 木材
wood carving	木雕
woodcarver ['wʊdkɑ:və(r)]	***n.*** 木匠，雕刻匠

wool [wʊl]	*n.* 羊毛制品
woollen ['wʊlən]	*adj.* 羊毛制成的
workforce ['wɜːkfɔːs]	*n.* 劳动力
workplace ['wɜːkpleɪs]	*n.* 工作场所
workstation ['wɜːksteɪʃn]	*n.* 工作站
worsen ['wɜːs(ə)n]	*v.* 使恶化
worth [wɜːθ]	*adj.* 值得……
wound [wuːnd]	*n.* 伤口
wrap [ræp]	*v.* 包，覆盖，卷起
unwrap [ʌn'ræp]	*v.* 打开包装
wrinkle ['rɪŋk(ə)l]	*n.* 皱纹　*v.* 起皱褶
yacht [jɒt]	*n.* 游艇
zipper ['zɪpə(r)]	*n.* 拉链
zoology [zu'ɒlədʒi]	*n.* 动物学

第六章
雅思真题考点同义替换清单

★★★★

这是对“剑桥雅思真题”系列题目最精炼的解析，也体现了学为贵在教学中的追求：化繁为简。

当你对考点词越熟悉，对原文和题目之间的同义替换越敏感，反应越快，那么自然而然你的正确率就越高，做题速度也越快。

《剑桥雅思真题 7-18》A 类

《剑桥雅思真题 7》A 类

Test 1

题号	题目	原文
1	other than	not the only
2	avoided dying out	managed to survive
5	military uses	weapons, submarines
6	arm or leg	limb
8	calculated	measure
9	finding	detection
11	inaccurate	incorrect
	referring to	talk about
	because	since
12	based on	underlying
13	word	term
	first used	coined
14	ancient	history, Roman Empire
15	relevance to health	clean drinking water, sanitation, diseases
16	environmental	people, fish, ecosystems, soil, agricultural

续表

题号	题目	原文
17	scientists	experts
	call for	demanding
	revision	change, shift
18	surprising	unexpectedly
	downward	diminished, slowed, fallen
20	need	must
	raise	higher
	standards	specifications, criteria
22	increasing	soaring
	due…to	because of
	primarily	mainly
25	led to	thanks to
	domestic	in homes
27	ways	approaches
	not traditional	radical new
28	unimportant	peripheral
33	conventional	not unusual
36	retain	learn
	vocabulary	words
37	admits	acknowledges
39	well known	gained some notoriety

Test 2

题号	题目	原文
2	destroyed	unscathed 反

续表

题号	题目	原文
4	absorb	sway and settle, rather than fight
	severe weather conditions	nature's forces
5	interior	inner
	access to top	staircases
7	observation post	watchtowers
8	up to half	fifty per cent or more
9	original	first
	religious	Buddhism, temples
10	loosely over each other	independent of one another
11	stops	constrained
12	dynamics	shake, snake dance
13	fitted loosely	simply stacked
	on top of each other	one on top of another
14	purifying	removal of the bug
	domestic water	drinking water
15	stages	first…then…then…and now…
16	term	what economists refer to as externalities
	hidden	not…appear
17	chemicals	fertilisers
	water sources	lakes
18	declining	vanished
21	illness caused by food	food poisoning
22	concludes	draws a…conclusion
	higher than	threefold
23	realistic	feasible
	reduce its reliance on	breaking away from
24	unable to adapt to	too big a jump
25	initiate	introduction
	change	more…than the current norm

续表

题号	题目	原文
26	change	shift
	both…and	as well as
27	identifying	understand, know, research, survey
	transport problems	the regional road was in bad shape; road traffic was extremely rare; paths…were slippery and dangerous
29	co-operation	support and understanding
	officials	authorities
32	inaccessible	isolated
34	20%…outside	80%…within
36	construction	building
37	buses and trucks	motorized vehicles
	hindered	not very successful
38	local people	communities
	lend a hand	participate in
39	isolation…for part of the year	accessible throughout the year

Test 3

题号	题目	原文
1	same	compared to 反
2	encourages	forcing house
4	making calculations	integrating
	position	bearing
5	were able to	prevent 反
	smell	odour
8	natural secretions	secrete antibiotics
9	weed-killers	control…weeds
	unwanted materials	waste

续表

题号	题目	原文
10	genetic	DNA
	constantly	regularly
	upgrade	improve or modify
	exchanging	swapping and sharing
	species	strains
12	affect	ruin
13	waste energy	use enormous amounts of energy
16	closeness	distance 反
17	results	found, showed, deduced
18	further…evidence	other research support
	genetic	geneticist, DNA
19	dental	teeth, tooth
26	examination	studies
	prehistoric and modern	ancient and modern
	Americans and Asians	New and Old World
28	excluded	discarded
31	natural	artificial 反
32	limited	transcend 反
	boundaries	frontiers
33	possibility	inevitable
34	information…gathered	surveillance, monitor
35	all kinds of species	genetic diversity
36	information…be collected and shared	databank
37	fragile	most at risk
	priority	preferential
38	resources	scholarships, financial support
39	better co-ordinated	framework, network, harmonizing
40	plans	resolutions, proposes

Test 4

题号	题目	原文
1	generally	conventional
	people	slaves
9	lift	bear the weight
	large	massive
10	use	harnessing
11	discovery	found
	object	artefact
	resembled	looks…like
12	experimented with	developing
13	weapons	dump flaming debris on their foes
	sending	deliver
16	life	animals, people
19	sharp decrease	crashes
21	keep a check	monitoring
22	authority	can
	stop	halt
23	successful	prosper
24	recognise	certifies
26	label	display
27	difficulty	having to adjust
28	problem-solving	work out problems
30	situations	background
	intense noise	quite loud
33	made	produced
34	manifests	take its toll
	later	takes a while
35	difficult…to concentrate	disruptive

续表

题号	题目	原文
37	not arise	eliminate
	stop	control, turn…off
40	capacity	ability

《剑桥雅思真题 8》A 类

Test 1

题号	题目	原文
1	cold	freezing
2	geography	equator, latitudes, northern, northward
	farming	agriculture
7	cabinet shape	floor-standing case
8	organise	co-ordinate, regulate
	public	communal
9	resembling	like
13	each	once
14	disaster	accident
	prompts	resulted in
16	oversimplified	incomplete
17	altitude	356m above, higher
18	weather	meteorological
19	defining	designated
20	created	establishment
26	average	medium
27	agree	concur
	significance	impressive
28	suitable	relaxing

续表

题号	题目	原文
29	alter	change
31	picked out	chosen
37	limit	minimizing

Test 2

题号	题目	原文
2	remained	stayed
3	slow	long time
4	varying	any
11	instant	for years 反
12	improved	highest quality
13	humans	unaided eye
14	today	modern, current
15	thousand years	ten centuries
16	enough food	against famine
17	impact on	caused
18	documentation	records, written accounts
	limited	only
	main	largely
20	rather than	far from
22	no rain	drought
23	abroad	migration
24	cutting down	fell
25	discovered	explored, visited
27	relationship	association
	smell	scent, odour
	feelings	emotion, joy, disgust, agreeable
29	not appreciated	undervalued

续表

题号	题目	原文
30	talking about	languages, vocabulary
33	ability	faculty
	damaged	impaired
34	realising	considered
37	recognise	distinguish
	husbands and wives	marriage partners
38	linguistic	languages
	lack	doesn't exist
39	do not smell	odourless
40	unpleasant	offensive

Test 3

题号	题目	原文
2	buildings	property
4	financial support	funded
6	difficulty	block
7	removing	extract
	from	out of
8	control	guide
12	depend on	turning point
	tests in real	field tests
14	exhausted	burn out
16	inherited	in families
17	never appreciate	unrecognised
18	difficulties	adversity
21	any	particular
23	lessen	minimise
	significance	supremacy

续表

题号	题目	原文
27	differences	not the same
28	why	reason, because
	dying	immortality 反
29	stable	constant
32	prolonging	extend, increase
33	in accordance with	according to
	principles	laws
36	pose a serious problem	disturb
40	conserving	sparing

Test 4

题号	题目	原文
3	format	pattern
4	less successful students	strugglers, slow learners
5	key	major contributing factors
6	wider range	greater variation
10	well organised	logically developed
11	carefully	elaboration
	patiently	repetition
13	much effort	hard work
	correct	accuracy
	emphasised	focus on
14	imbalance	disorders
15	no longer responding	resistance
17	spent	outlay
19	innate	built-in
	immunity	resistance
21	free from danger	safe

续表

题号	题目	原文
24	blighted	plagued
26	plagues	infested
29	range	different
32	wet habitats	rain forests and marshy areas
33	hard to find	elusive
34	little	minimal
35	containers	tubes

《剑桥雅思真题 9》A 类

Test 1

题号	题目	原文
1	recognise	perceive
	ability	talent
2	enrol	attend
3	employed	become 反
4	still	not long after that
	discovery	breakthrough
	made	bring
	rich	fortune
	famous	fame
6	hoped	attempting
	drug	medical treatment
8	group in society	the rich
	was…associated	so…that…
9	potential	possibilities
	immediately	instant
	understand	recognition
10	name	known as
	finally	later

续表

题号	题目	原文
11	consulted	asked advice
	setting up	give birth to
12	invented	produce…first
13	disease	vaccine 反
	now	current
	targeted	against
	synthetic	artificial
14	underlying	ground
15	likelihood	guess, estimate, perhaps, might
16	seeking	looking for
	transmission	sending
18	life expectancy	lifetime
	Earth	a planet like ours
19	signals	radio waves
	searching for	looking for
20	most powerful	the world's largest
21	help	pass on the benefits
	overcome	dealing with
	serious problems	threats
22	trying to find	looking for
	resembles…in many ways	pretty well like
	humans	us
24	picked up	detection
26	respond	react, reply
	promptly	immediately
27	had to	must, without…none…could…
	transfer from sea to land	invasion of the land
	before	prior
28	changes	redesign

续表

题号	题目	原文
29	ancestors	earlier marine
	lack	never
30	resembled	look like
32	determine	tell
	incomplete	only fragments
33	habitat	lived…in the water
	determined	surely
	appearance	look like
34	taken from	obtained
35	data, information	three measurements
	recorded	plot
	comparing	against
36	dense	tight
	top	upper part
38	positioned	show up
	about	approximately
39	position	right
	indicated	no doubt
	ancient creatures	fossils
40	most significant	remarkable
	transition from sea to land	return
	more than once	double

Test 2

题号	题目	原文
1	national policy	New Zealand Disability Strategy
2	global	international
	team	working party

续表

题号	题目	原文
3	hypothesis	suggested
	reason	amounts to
	growth	heightened
4	demand	imperative
	suitable	appropriate
	worldwide	international
	regulations	standards
5	medical conditions	impairment, disorders
	more at risk	extremely vulnerable
6	proportion	%
	auditory	hearing
7	period of time	decades
8	upset	painful and distressing
9	not been diagnosed	undiagnosed
10	aims to	is to
	give	provide
11&12	current teaching methods	modern teaching practices
	cooling systems	air-conditioning units
13	to increase awareness	only limited attention 反
14	different ways	extended to
15	event	fact
	prevented	not helped, thwarted
16	potential future	might prove to be
	discoveries	breakthroughs
	leading on from	paved the way for
17	physical states	“black drop” effect
	failed	difficult, problem, impossible, dogged

续表

题号	题目	原文
18	calculated	determined
	the distance of the Sun from the Earth	AU
	fair degree of accuracy	reasonably accurate
19	understood	realise
	worked out	measure, calculating
20	realised	had shown
	time	speeds
	go round	orbital
	depends on	governed
21	witnessed	saw
	unable	ruled out
22	observed	see
23	second	next
	managed to observe	ironically, clouded out, dispiriting 反
24	shape, distorted	looks
	appears	not circular
26	work out	measure, calculate
27	is linked to	secrets
	achievement	success
28	distinctive	different
29	because	thus
	relies on	draw on
	previous events	past experience
30	result	product
31	avoids	do not
	traps	pitfall

续表

题号	题目	原文
32	exposure	encountered
	different events	things…never…before
	forces	bombard
	think	see
33	unusually	extraordinary
	receptive	willingness
	new	fresh, different
37	psychological	mental
	illness	disorder
38	and	too
40	many fields	every area
	and	from…to…
	scientific	technology

Test 3

题号	题目	原文
1	reason why	so
	arguments	debate
2	more strongly…than	as easily as 反
	small	minor
3	assessment	judge
	affected	influence
6	pointless	not to, impossible tasks
	try to	attempt to
	stop	halting
7	only…after	already 反
8	misrepresented	painting unreal pictures
10	great importance	best, reliance on

续表

题号	题目	原文
12	based on	original, only just standard
13	historical	18th century
14	site	station
15	a way	via the cable
	bringing…back	re-imported
16	previous	originally
17	possibility	prospects
18	more…than	unlike
	reliable	predictable, constant
19	cut down	reducing
	air pollution	carbon dioxide emissions
20	contribute to	be able to
21	income	earner
22	vicinity	around
	particular features	heavily indented, strong tidal currents
23	raised	lifted
	extraction	clean
24	in danger	at risk
	due to	from
	comparatively	relatively
25	result from	causes
29	fame	acclaim
30	machine	check-out lasers
	interpreting	read
	incomplete	price
	information	crumpled
31	incident	event

续表

题号	题目	原文
32	initially	originally
	intended to	set out
	achieve	aim
	research	work
33	transmitted	sent
	pictures	images
	both…and…	and
34	left	out of
35	scientists	experts
	stop working	failing
36	hope	solution
	tell	message, instruct
	replace…with…	use…to change…
	distance	kilometers from Earth
	difficult	not easy
37	was used	by means of
38	starting point	basic, fundamental
	attempts	set about
	send	transmit
	messages	information
	over distances	from place to place
39	amount	units of bits
	sent	pass, communication
	given time	rate, per second
	determined	depends on
	with reference to	given
40	products	mobile videophone
	more…than	close to Shannon's ultimate limit 反

Test 4

题号	题目	原文
1	joint	with
	both	sole 反
4	stopped	interrupt
5	took over	was appointed to
	position	professorship
9	received recognition	was awarded the Nobel Prize
10	medical technique	treatment
11	saw	understood
	importance	need
	collecting	accumulate
	both…and…	not only…(but) also…
13	suffered from	died
14	researchers	Lewis and Brooks-Gunn
	study	experiment
15	role	source of information
	imitation	mimic, copying
16	age	second birthday
	identify	recognize
	static	without…movement
	image	visually
17	reason	because of
	limitations	difficulties, cannot
18	possible	may
	link	feature
	culture	Western societies

续表

题号	题目	原文
19	examples	such as
	features	characteristics
	contribute to	is made up of
20	never…without…	impossible…outside
	relationships with other people	social experience
21	is related to	was concerned with
	mastery	control, affect
	things	objects
	and	This is followed by…
22	leads to	the link
	aggressive	anger, struggle, war, disputing
23	observing	see
	contributes to	leads to
	self	distinct from other
24	handling objects	control physical objects
	image, face	looking, mirror, see
25	problems	difficulties
27	views	attitudes
	current	recently
	change	altered
	mixed views	does not share this opinion
28	fewer differences	distinction…is evaporating
	public attractions	museums, heritage sites and theme parks
29	commercial	income-generating
	pressures	difficult, increasing need
	people	those who…
	in charge	engaged in

续表

题号	题目	原文
30	interpreting the facts	historical accuracy must be increasingly altered
	meet visitor expectations	corresponds to public perceptions
31	today	recently
	past	used to
	the public	ordinary visitor
32	current	recently, now
	trends	attitudes
	emphasise	key word
	personal involvement	experience
33	less easy	is gradually evaporating
35	reveal	tell
	present	contemporary
	beliefs	perceptions of the world
	past	ancestors
36	because	has to do with
	only	not everything
	durable	transitory 反, survives
	objects	materials, castles, palaces
	remain	survives
37	consumers	market forces
	avoid	move away from
38	people	visitors
39	boundaries	walled area
	changed little	more than five times 反
40	false	only, bias
	used to	in the past

《剑桥雅思真题 10》A 类

Test 1

题号	题目	原文
1	all over the world	unique to this region 反
2	a range of functions	leisure, relaxation, worship
	collection	gathering
5	altered	high/low
6	part of	included
	shade	sheltered
	people	visitors
7	serious climate event	drought
8	nowadays	today
10	pattern	formation
11	looks more like	resembles
12	provide	supported
	view	overlook
14	rapid	spectacular
	private	passenger
15	distances	hundreds or even thousands of kilometers away from
16	awaiting	candidate for entry
17	fresh and important	new imperatives
	long-term	sustainable
19	restricting	curb
	charging	pricing
	policies	approach
	alone	solely

续表

题号	题目	原文
20	improving	increase
21	all the steps	a series of
	change	alternative
	patterns	modes
22	need	requirement
	growing	increase
	despite	although
23	closer to	hundreds or even thousands of kilometers away from 反
26	predicted	expected
27	shared	understood, believed in
28	conscious	aware
29	strengthen	deepen
	commitment	engagement
30	valued	be given full attention
31	remain	still
32	avoid risk	play it safe
33	chances	gambles
34	dominant	overbearing
	ignore	deadly passivity
35	share	interchange
37	most people	every individual
40	manager	boss
	approval	speech
	persuasive	powerful
	colleague	peer

Test 2

题号	题目	原文
1	time	18th century
	place	in Britain
2	conditions	factors
	required	need
	industrialisation	the revolution
3	two keys	tea and beer
4	increase	burst/growth
6	comparisons with Japan	looked to Japan
7	unemployment	giving up/out of work
9	prevent	without succumbing
10	disagrees	strengthened by support 反
11	after	then
	reduction	burst/growth 反
13	death	mortality
14	domestic	home
15	too much guidance	overdirect
16	anxiety	negative emotions
17	favour	useful
	social-disadvantaged children	children from deprived areas
18	less time	shorten
	exercises	the practice
	produce	make
	accurate	fewer errors
19	self-reliance	independent
	goals	highest levels of expertise

续表

题号	题目	原文
20	feelings	emotional forces
	assist	improve…efficiency
21	benefits	positive
	support	provision
	close relatives	close relationship
22	really successful	outstanding
	students	individuals
	learnt	know
	a considerable amount	a great deal
	subject	specific domain
23	strong	close
	connection	relationship
	availability	backup
24	do not have	lack of
25	involves	include
26	rely on	have a tendency to
27&28	not	rather than
29&30	however	yet
	in historical times	in the 16th century
	instruct	assign
31	this may not be	unfortunately/this seem to
33	be unwilling to	be deterred from
35	unlike	difference
	specific	prescribed
37	conflicts	perfect harmony 反
38	encouraged	give the confidence; opinions

续表

题号	题目	原文
39	high quality	high-fidelity
40	are likely to	may be

Test 3

题号	题目	原文
3	difficulty in recognising	hidden/obscured
	effects	impact
5	figures	measure
8	significance	difficult to ascertain; hidden/obscured 反
10	easy	not possible 反
	affects	impact
	individual	domestic
11	most important	the major
12	major	number one
13	reflected	similar
14	responsible for	be created by
15	drop their leaves	discards them
	autumn	fall
16	some evidence	clues
18	serve	to convince
	warning signal	advertisements
19	facing	get
20	surfaces of leaves	side of the leaf
21	abundant	intense
22	increases	redder
	go further	the more
23	help to protect	increase…tolerance
25	sunlight	sunny

续表

题号	题目	原文
27&28	3,000-year-old	ancient/some 30 years old
	found	revealed traces of
	abandoned	derelict
	significant	important
29	took	carried
30&31	found	uncovered
32	little information	no-one has found
34	be able to	could
35	navigational aid	a safety net
36	could	against 反
37	played a role in	helped
39	halted	quits
	expansion	spread

Test 4

题号	题目	原文
1	unpredictably	erratically
2	two decades ago	20 years ago
3	rainfall	precipitation
	average	normal
4	today	now
	to act as…	the primary…for
5	extended	longer than
6	vulnerable places	on the side of an active volcano
8	in readying	in state history
	fight fires	on preparedness
9	mishandling	bungling
10	firefighting tools	…to fight fires

续表

题号	题目	原文
12	disapprove	dedication/coordination/greater efficiency 反
	working together	coordination
13	continue	no longer 反
	despite	notwithstanding
14&15	traditionally believed	long hold
	impossible	cannot
	fixed	determined
17	necessary	requires
	learn	mastering
	a wide variety of	a range of
	different	diverse
18	understand and feel	open to experiencing
	increase	more
	happiness	joy and passion
19	they do not know much	your own ignorance
	first trying	newcomer
20	good things	favourable outcomes
21	learned	acquire
	responsibility	obligation
22	shyness	inherently introverted/reticence
23	physical goals	untangle her fears
26	risked	security would be threatened
29	re-emergence	reappear
	certain	long-lost
	certain characteristics	traits
30	correct	fits with

续表

题号	题目	原文
32	rejected	have been reluctant
	reversible	controversial
33	convictions	criminals
34	long-lost	disappeared millions of years ago
	traits	characteristics
35	particular feature	similar structures
	different	unrelated
36	existence	survived
39	long-lost traits	ancestral features
	rare	many 反
40	evolutionary throwbacks	silent genes degrade

《剑桥雅思真题 11》A 类

Test 1

题号	题目	原文
1	food,…grown indoors	indoor farming
2	located in	situated in
	less	reduce
3	use	via
	methane	methane generation
4	cut	reduce
	agricultural vehicles	tractors
5	disadvantage	drawback
6	not fixed	not certain
7	probable	possible
	towns and cities	urban

续表

题号	题目	原文
9	some	15%
	destruction	waste
	food producing land	the land that is suitable for raising crops
10	the season	through year-round production 反
11	climate change	changing climate
12	needed	eliminating 反
13	less likely to	reduce
14	the first time	reconnect, historic 反
16	put together	assemble
	manufactured	constructed
18	varies	the same 反
19	ancient monument	historically important Antonine Wall
20	a pair of	two
	lifted	raised
	in order to	so as to
21	taken out	removed
	enabling	allowing
	rotate	turn
22	drive	rotate
23	keeps upright	remain level
24	moves	passes
	directly	straight
26	raise	lift
27	earlier	historic; volcanic explosions; phenomenon
28	successful	has been shown
29	definition	a term which generally refers to

续表

题号	题目	原文
30	a large number of	16 trillion
	tiny	minute
31	place	depositing
	sea	ocean
32	encourage	stimulate
33	create	form
34	strong	reinforced
35	allow	enabling
36	change	rerouting
39	limit the effectiveness	operate at half strength
40	non-fossil-based fuels	renewable energy
	replaced	substitute

Test 2

题号	题目	原文
1	some doubt	while witnesses agree that…, somemaintain that…, others that…
3	undamaged	survived
4	knew	unaware 反
5	launched	initiated
6	stopped	faded into obscurity
9	attached to hull	attached to a lifting frame
10	prevent	overcome
11	placed	locate
13	extra protection	additional cushioning
14	undisputed answer	definitively proved
15	diminishing	decreased

续表

题号	题目	原文
16	worse	self-destruction
18	supports	backs up
	belief	folklore
19	outside…control	not wholly responsible
21	cutting down its trees for fuel	firewood
22	able to	could
	build	construct
23	food source	ate
24	not only…but also…	both…and…
27	tendency	inclination
	others	the crowd
28	perceive	sense
	intention behind works of art	the artist's vision
29	satisfying	rewarding
	a painting represents	decipher the meaning
30	more carefully put together	meticulously composed
31	emotions	feelings
32	complexity	a key level of detail
33	pleasing works	appealing pieces
	images	motifs
35	further verification	the hypothesis will need to be thoroughly tested
36	depends…on	adapted to
37	should seek	foolish 反

Test 3

题号	题目	原文
1	fell into	landed in
2	invented	devised

续表

题号	题目	原文
3	only	solely
4	were allowed to	were entitled to
	wear	clothes
5	a form of	a unit of
6	evidence	indication
7	precious metals	gold and silver
8	hide	smuggled
9	decline	stifled
10	gold was the most valuable	worth more than gold 反
11	tradesmen	merchant
	went along	travelled
12	spread	secretive 反
15	according to	depend on
17	perceive	sensitive
18	distinguish	share 反
19	straight line	linear, not zigzaggy
20	prepare	preparation
	eat more than they need	overfeeding
21	are unlikely to be discouraged by difficulties	undeterred by challenges
22	ignore distractions	resist distraction
23	eyesight	vision
24	winter	frozen months
26	narrow	150 metres wide
27	lack of	have necessarily had to omit
28	not a typical book	differs from most books
32	this book and reading other kinds of publication	a novel or a newspaper

续表

题号	题目	原文
33	accessible	understand
34	different	two
	categories	types
35	both…and…	so it is…as well
36	a limited	a little
38	leave out	omit
39	perform	carry out
	while reading	turn these pages

Test 4

题号	题目	原文
4	be different from both…and…	third factor
5	invented	coined
	term	nature and nurture
6	increase our knowledge	take our understanding even further
7	mathematical method	statistical concept
8	pioneered	first
9	lived apart	reared apart
11	internal organs	parts of our bodies
12	be affected by	impact
14	overlook	underestimate
15	similar	no different
16	dull	banal, little intrinsic interest
17	emphasises	underscores
18	manipulate	help to engage
20	anticipate	foreshadow
	development	change
22	help the audience	aid viewer understanding

续表

题号	题目	原文
23	affecting	effects
24	combined appropriately	mixed and balanced
25	listens to the dialogue	dialogue serves to tell the story
26	appearance	physiognomy
	moves	gesture
	consistent	fit
27	the most important	take pride of place
28	incompatible	incongruity
29	a few sounds	barely three dozen
	a huge range of	so much out of
30	universal	everybody
32	silence	the absence of the sound
33	life	existence
34	fundamental	depend on
35	a small number of sounds	twenty-five or thirty sounds
37	might have	could never have embarked on 反
38	did justice to	celebrated eloquently the magnitude
40	recording of events	documentation of history

《剑桥雅思真题 12》A 类

Test 5

题号	题目	原文
2	scientists	technology
	synthetic	replicating 反
	the same…as	never succeeded 反
3	first and second harvest	first harvest…, and a gap of…
4	dry	damp…will be damaged

续表

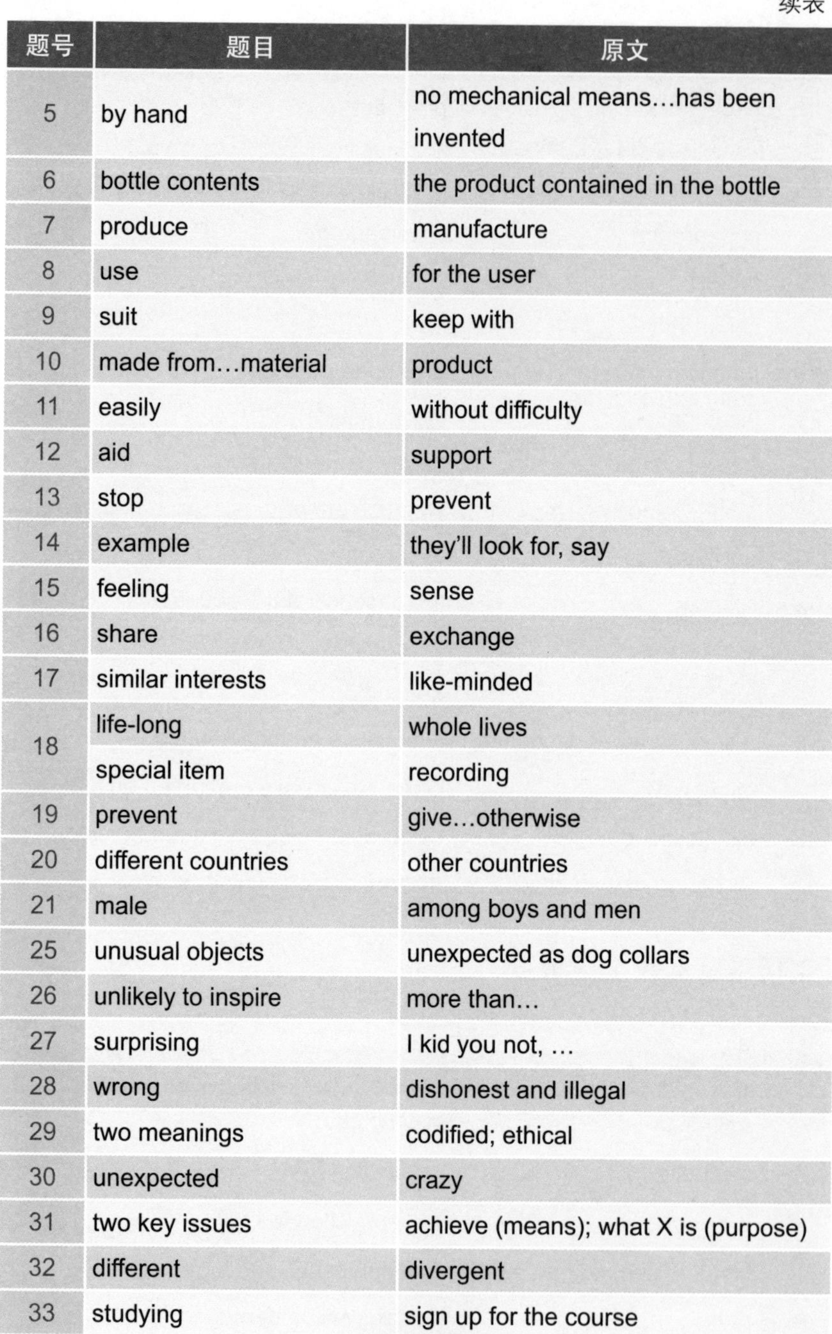

题号	题目	原文
5	by hand	no mechanical means…has been invented
6	bottle contents	the product contained in the bottle
7	produce	manufacture
8	use	for the user
9	suit	keep with
10	made from…material	product
11	easily	without difficulty
12	aid	support
13	stop	prevent
14	example	they'll look for, say
15	feeling	sense
16	share	exchange
17	similar interests	like-minded
18	life-long	whole lives
	special item	recording
19	prevent	give…otherwise
20	different countries	other countries
21	male	among boys and men
25	unusual objects	unexpected as dog collars
26	unlikely to inspire	more than…
27	surprising	I kid you not, …
28	wrong	dishonest and illegal
29	two meanings	codified; ethical
30	unexpected	crazy
31	two key issues	achieve (means); what X is (purpose)
32	different	divergent
33	studying	sign up for the course

续表

题号	题目	原文
34	expectation	prospective
	specialising	learn all the tricks of the trade
35	find	establish
36	leading to	for
	successful	effective
39	too…to	criticize
40	detailed definition	seem; like 反

Test 6

题号	题目	原文
1	only	unique
2	challenges	risks
	certain parts of the world	developing country
3	difficulties	does not…good
5	benefit	enhance; reduce
6	improve the standard of living	held up social safety nets and public welfare programmes…
9	infrastructure	basic services
14	aim	greatest achievement
15	new	particular route; blast
16	lack	least
17	dramatic	unbelievable dream; spellbound
18	different accounts	said little
19	publishes	broke the story
20	common	gained wide acceptance
	belief	idea
23	as soon as he saw it	nor did he realize…

续表

题号	题目	原文
25	transportation	brought up
27	observing	study
	certain objects	stamp
28	known as	called
30	more	better
	handle	perform
31	superior	better
35	all situations	when…when…
37	non-verbal, auditory input	background noise
38	before we learn to speak	start very early
40	negative	difficulties

Test 7

题号	题目	原文
3	start	begin
4	timing	point
7	young	juvenile/tiny tortoise
	old	fully grown giant/around a hundred years
8	small numbers	few
	taken onto ships	on board
9	kept	act as
10	produce	were processed into
11	hunted	exploitation
12	destruction	destroy
	various	ranging from…to…
	not native	alien

续表

题号	题目	原文
13	fed on	prey on
	baby	young
14	not all…totally eliminated	while…will always be prone to…
	eliminated	eradication
15	human behaviour	cars; factories; industrialisation
16	classifying	categorising…into
	geographically	local and global scales
17	access to	available
	vary	discrepancy
18	mixture	combination
19	type of area	high-altitude deserts
	rare	less
20	disappeared	eradicated
	thanks to	due to
	better	improvements
21	more contact	more common
	losing their usefulness	resistant to
22	hot	warm
23	pollution	cars, factories
	burn	run on
	a aparticular fuel	coal
24	growth	expansion
25	growing after having been eradicated	reemerging
26	prevent…from…	difficult
27	stimulated	triggers
	release	production

续表

题号	题目	原文
28	parts	regions
	with feeling	experience
29	area	region
30	known as	call
31	expectation	anticipating
37	prior to	before
38	decreases	adapt to
40	actual	real; pictures
	events	experiences

Test 8

题号	题目	原文
1	material	natural glass
2	sharp points	tips
4	because of	due to
6	developed	invention
7	avoid	counter
10	hired	founder 反
12	environment	green
	containers	bottles and jars
19	no evidence	no known instance
	in danger	threat
20	reduce the numbers	predator
	increased enormously	exploded
	wild animals	roe deer
21	a minimal threat	little risk
	kept away from…habitats	kept out of the woods
	farm animals	sheep and other livestock

续表

题号	题目	原文
22	reintroduction	reintroduce
	link…with	marries with
	return	bring
27	external bodies	government, regulators, central banks and auditors
32	financial arrangements	compensation, bonus to be paid
	senior managers	chief executives
34	economic downturn	financial meltdown
39	emphasis on	concentrate on
	considerations	metrics
40	pay	compensation

《剑桥雅思真题 13》A 类

Test 1

题号	题目	原文
1	allowed	were able to
2	country-wide	national
	including	as part of
	impact	effect
3	sports	rugby
4	tour	journey
	various	a number of
	used	chosen
5	varied	different
	depending on	according to
6	local	in the area
7	send	submit
8	ready-made	customised 反

续表

题号	题目	原文
11	like	enjoy
	involved	interactive
13	unlikely…return…	a once-in-a-lifetime visit
14	scientific	lab
16	productive outcomes	more creative
19	new explanation	new source
20	avoid	protect…from…
	unpleasant experience	"infectious" social experience
21	worse than all the others	most damaging
22	cope with	improve
	negative effects	feel worse
23	way we live	lifestyle
	encourage	a new source
24	cannot	inability
	due to	causes
25	important aim	motivated
	problems	suffer
26	characteristic	personality traits
28	fundamental	core
	human quality	humanity
29	difference	unlike
32	long-term	millennia
	computers	machine
34	not revealing	vague
	technical details	how…worked
	program	software
35	entirely	completely
	dependent on	rely on

续表

题号	题目	原文
36	angry	outraged
	discovering	found out
37	assess	rate
	without	weren’t
	knowing	told
	software	computers
38	research	study
	explain	provides a clue
	reactions	recoil

Test 2

题号	题目	原文
1	added to	mixed with
2	show	indicating
3	smell	scent
4	indication	sign
5	treatment	cure
	other health problems	ailments
7	used	on
	bring	took
8	arrived	to
9	took	brought
	destinations	markets
10	control	monopoly
11	took over	displacing, overran, occupied
12	planted	cultivating
13	maintained	diminishing, superseded 反
	economic importance	economic potential

续表

题号	题目	原文
14	beneficial effects	more charitable, better at reading emotions and communicating constructively
15	complex	perplexing
16	a period	for eight years
	attracted little scientific attention	a lonesome field
17	ignoring	took no notice
	research data	findings
18	more trusting	invested more money
19	increases	more
	jealousy	envy
21	earliest findings	first aware
	research	studies,
	involving	focusing on
22	produce	released
23	given	received
24	took part in	played
	revealed	felt
	negative emotions	envy
25	lack of	less
	help	cooperative
26	consider	associate
	positive associations	positive words
	other cultures	foreign ones
27	unaware	fail to recognize
	significant	profound
	impact	profound, influencing
	lives	aspirations, attitudes, behaviors

续表

题号	题目	原文
28	reputation	brand image
29	didn't require to modify	hasn't abandoned
	core business activities	traditional retail offerings
30	few obvious benefits	hardly worthwhile
31	unhealthy lifestyles	lack of exercise and obesity
32	turned	countering
	harmful effects	negatives
33	collaborating	teamed up with
	manufacturer	company
34	implemented	introduced
	scheme	program
	responsibility	commitment
35	discovered	revealed
	difficult circumstances	tough times
36	unrelated	irrelevant
37	charge…less	lower prices
38	identify	determine
	use	pursue
39	emphasise	reaffirming
	traditional	core
40	lack of connection	disparity

Test 3

题号	题目	原文
7	and	as well as
9	shade	exposed to the sun 反
12	varieties	diversity
18	together with	and

续表

题号	题目	原文
19	tended not to modify	didn't raise their pitch or fundamental frequency
20	known as	is called
23	much larger	dramatically boosted
24	change	prompt
26	babies' preference for	held babies' attention nearly 40 percent longer, more reactions
27	decline	exhausted their resource base, trading economy broke down…
30	features	great baths, craft workshops, palaces and halls laid out in distinct sectors…
	urban design	cities were built
32	collecting	gathered
33	discovered	observed
34	less…than evaporation	evaporation from the lake exceeded
36	examining	looking at
37	vital	essential
39	calculation	estimate
40	lacking	had little solid evidence

Test 4

题号	题目	原文
1	intended to	built to
2	given the name	name comes from
3	favoured	strong position
4	fastest	more quickly
6	faster	reduced…time

续表

题号	题目	原文
8	at risk	dangerously
	hitting	close to
9	carried	transporting
	time	period
10	skilled	excellent
11	to repair damage	for repairs
12	used for	as
13	twice	again
	damaged by	suffered from
14	a large variety	100 million
	remains	decomposing
15	provides	grow
	storing	holding
16	property and infrastructure	buildings roadsand bridges
	holds	store
17	main factor	the biggest problem
	degradation	less fertile
18	put back	return
20	mixture	cocktail
	improve the number	emerged
21	be more aware of	bring it home to
	issues	problem
22	soil–improvement	take care of the soil
23	farming	agriculture
24	information	data
25	suggestion	agitating for
	safe	protected
	near future	immediate
26	difficult	not easy
	overview	picture

续表

题号	题目	原文
27	ignorant	simple-minded
29	linking	associating
	price of goods	money
	connection	entangling
	work	business practices
30	communication	conversation
31	new way	design
	security	unforgeable
32	food	provisions such as meat, fish, fruit and vegetables
	preservation	keep…fresh
33	observation	visible
34	researching	pioneer
	possibilities	might
	methods	ways
38	outside America	in Britain
40	main aim	responsible for
	increase	promoting

《剑桥雅思真题 14》A 类

Test 1

题号	题目	原文
1	develop	take her first steps towards
3	population	people
	grown	over half
4&5&6	limited	scarce
	fear	risk
	greater	increased
7	difficult to find	lack

续表

题号	题目	原文
8	the rest of	later
9	academic	school
	self-regulate	self-control
10	medical problems	diagnosis/disorder
	information	clues
13	less	lost
	significant	importance
	in the past	in recent decades
14	misuse	vandalism/theft
15	propose	present
	turn down	reject
16	profit	benefit
	unable	didn't
18	solve problems	answer
19&20	failed	lost
	attitudes	more environmentally conscious
21&22	welcomes	friendly
	city	capital
23	first	original
24	damage to the environment	threats of air pollution
25	hand out	distribute
	condemn	danger
26	took away	removed
27	good staff to remain	retain competent employees
28	feel they shouldn't move	feel more obligated to stay
29	little	not
30	co-operation	work together
31	workers	employee
	change jobs	turnover

续表

题号	题目	原文
32	poor	compromised
33	dislike	negatively
	workplace	work environment
37	improved	had a favorable impact
38	lower	reducing
39&40	fit with	aligned with
	company's	organizational
	staff	employee

Test 2

题号	题目	原文
1	younger	childhood
2	it was what his family wanted	to please his family
4	similarities	quite different 反
6	gave up	dropped
	focus on	specialize
	scenery	landscape
7	began work	take some photographs
8	last work	retired
9	father	son 反
10	considerable time	time-consuming
	heavy	weight
12	trip	travelled
13	photographed	took photographs
14	avoid	steer clear of
15	prestige	status
16	comparison	similar
17	circulation of air	ventilation

续表

题号	题目	原文
18	advertising	market
19	architectural	built
20	air	airstream
	patients suffering from	someone with tuberculosis
21	not have harmed	kept…safe from harm
22	as often as	similar
23	use	cost
	reduce	fraction
	areas	wards
24	reason	be driven by
	demand	clamouring
	bad air	miasmas
25	known as	was thought to be
26	spread of disease	agents of disease
	hundreds of years	centuries
	epidemics	infection
	the middle of the 19th century	1850s
27	be expected	ought to
28	complaints	dissatisfied
29	early	the first half of the 20th century
	business activities	work process
30	incorrect	misguided
31	more	outweighs
32	impossible	never be reached
33	organizations	Oticon, General Electric, Google
35	numerous	countless
	training sessions	seminars and workshops
36	regard themselves as	self-proclaimed

续表

题号	题目	原文
37	feel	claim
	aspects of their work	the way their work is structured and the way they are managed
38	aim at	for the sake of
	order	organizing
	without	rather than
	really	actually
	considering	looking at
	value	the end goal and usefulness of such an effort
39	most successful	never be reached 反

Test 3

题号	题目	原文
1	non-scientists	people, parents, job interviewers
	influence	determine, on the basis of
	others	children, friends
2	lack of clarity	no one knows
	definition	what it actually is
3	different	little correspondence
6	may	are likely to
	without fully understanding	miss the point
7	same	equal
	everyone	people
8	no	do not need
	section of society	institution
	preferential	favoring
9	achieve	accomplish
10	variation	different

续表

题号	题目	原文
12	everyone	all
	ability	competency
13	uncontrolled	chaos
14	a renewed interest	focusing once again
16	examples	such as
18	drug	medicine
19	reason	cause
	fell out of favor	moved its focus away from
	for a period	for a while
20	insect	fly
21&22	genetic	DNA
23	fellow	colleagues
	expertise	knowledge
24	especially	particularly
	overpower	subdue
	preserve	keeping it fresh
27	separate	discrete
	categories	types
29	hybrid forms	combining
	optimal	best
30	significant	important
31	scale	degree
33	mistake	false
	separate	dichotomy
35	consensus	agreed
36	differ	unlike
	target	goal

续表

题号	题目	原文
37	investigate	exploration
	aspect	facet
38	be based on	stem from
39	give sb. sth.	provide sb. with sth.
	real	true
40	adults	parents and educators

Test 4

题号	题目	原文
1	age groups	age ranges
2	look after	take care of
3	locate	mark a trail to
4	effect	respond to
6	and	nor
7	meet	come together
8	associate with	coincide with
9	remain active	stay fit
	whole lives	entire lives
10	precise	exact
11	behave	perform
	predict	expect
13	laboratory conditions	comforts of the lab
14	die out	collapse, extinction
	quickly	sudden
15	study animals	undertake research on animals
	preferable	less risk, fewer variables, real changes（解释总结替换）
16	two ways of learning	television documentaries and natural history specimens（抽象到具体）

续表

题号	题目	原文
17	healthier	illness will be treated
18	live longer	life expectancy
19	no longer be found in the wild	only exist in captivity
20	improvements in the quality	more detailed and impressive
21	transmit	communicate
	the public	visitors
	always excelled at	used to be lacking 反
22	study animals	undertake research on animals
23&24	travel	send
	overseas	abroad
	teach	educate
25&26	increase public awareness of environmental issues	more environmentally conscious
	raise	bred
	released into the wild	reintroduced
27	research the problem of marine debris	sound alarm bells about the state of marine debris
29	extinct	threats
	have already proved	nobody tested, wasn't 反
30	analyse	ask
	different kinds of danger	366 perceived threats
31	badly designed	had weakness in design and content
32	find	look for
	eat	ingest
33	plastic	trash
34	bits	pieces
	harmful	entangled, injure

续表

题号	题目	原文
35	synthetic fibres	fibres shed by synthetic clothing
36	focus on	look at
	not entire	rather than whole
37	used	use
38	insufficient information	none of that tells us
	numbers	how many
	animals	birds, fish, sea turtles
	affect	die from
	impact	affect
39	impact	affect
	future	will

《剑桥雅思真题 15》A 类

Test 1

题号	题目	原文
2	surrounds	encased
	breaks	splits
3&4	is used to produce	being produced from
	is used to produce	being produced from
5	where	location
7	had control of	monopoly
8	brought	importer
9	against	cure
10	put	cover
	cultivated outside the islands	grown elsewhere
11	obtained	give
12	secretly taken	smuggled
13	destroyed	wipe out

续表

题号	题目	原文
14	time	more than 90 percent of its life
	not in use	parked
15	advantages	benefits
	individual road-users	people, older or disabled travellers
16	choosing	purchase
	the most appropriate	best suits
	each trip	a particular journey
17	how long	the next 10 years
	overcome	conquered
	problems	challenges
18	manufactured	production
19	indicate	demonstrated
	most	more than 90 percent, primary
	motor accidents	road collisions
	due to	a contributory factor, cause
20	schemes	initiatives
	workable	viable
	towns and cities	urban areas
21	drop	reduce
	cars	vehicle
22	yearly	annual
	twice	double
	car	vehicles
23&24	physically difficult	disabled travellers
25&26	making sure	ensuring
	challenges	hurdles
	general public	societal
	confidence	trust
	various different driving conditions	the infinite range of traffic, weather and road situations

续表

题号	题目	原文
27	intrinsic element	nature
28	common to everyone	we all have this enquiring instinct
29	desires and fears	emotional states
31	own professional interests	the field of endeavour of each pioneer
32	cast new light on	new insights
	places that may be familiar	a well-travelled route
33	the form of transport	car, camel
34	coming back home	returns to the existence
35	benefit	on behalf of
	specific groups of people	remote so-called “tribal” people
36	not consider learning about oneself	regardless of any great self-discovery
	essential	great
37	unique	something that no human has done before
	value	useful
38	a large number of	a great many
40	Earth’s	of our planet

Test 2

题号	题目	原文
1	appealing	healthy and happy
	not proposing	not to suggest
2	contrast	whereas
	past	medieval
	present	now
3	objective	aim
	dance	choreography
	both…and	share

续表

题号	题目	原文
4	unforeseen	ignoring/failed to take into account
	climate	hot sun
5	being reversed	being removed
	why	as a result
6	transport	the way we travel
	has an impact on	affect
8	movement	smooth flow
	disrupt	prioritise 反
9	lead to	guide
	one…at a time	one for each
10	effect	impacting
	create	introducing
	difficulties	barriers
11	another	and
12	separate	divide
13	more difficult to do…	decrease opportunities for
14	further disappearance	extinctions in the future
	multiple	various
	avoided	prevent
15	reproducing	cloning
	species	animals
16	a habitat	forests
	extinction	disappearance
	following	since
17	became extinct	existence came to an end
	extinct	living 反
18	identify	pinpointing
	enabled	made it possible
	to live	to survive

续表

题号	题目	原文
19	according to	says
	involve	necessary
	physical	ears, hair, and insulating fat
	minimise	reducing
20	would need	necessary
	of a reduced size	smaller
21	more	extra
22	decrease	reducing/mitigate
23	reintroducing	return
	an extinct species	thylacines
	living there	resident
	improve the health	subjected to risks 反
24	concentrate on	focus the debate on
	the causes	why
25	vegetation	trees and branches
26	current	today
	effort	what we are doing
	insufficient	not enough
27	value	provide rich resources
	scientific research	studying human psychology
28	in a group setting	in a social situation
29	a wide range of	diverse
	similar	consistent
30	exchanged roles	each…took a turn
32	generate	eliciting
33	longer	more time
34	similar	replicated
	perform	working on

续表

题号	题目	原文
35	according to	conclude
	reduces	working on relieve
	helps	facilitate
	connections	relationships
36	energizing	stimulating
38	predictions	expected
39	a fixed amount of time	more time 反
40	established	traditional
	notions	view

Test 3

题号	题目	原文
1	want	wish
2	first term	first year
3	teaching	sculpture instructor
4	aware	discovered, interested
5	attracted	fascinated
6	similar	originality…no 反
7	more popular	convince the public of the merits
8	criticised	negative
	urged to offer	call for
9	not available	shortage
10	drawings	sketches
11	employed	commission
12	buy	available
13	increased	boost
	ambitious sculpture	ambitious projects
14	initial inspiration	basic idea
	new product	portable device

续表

题号	题目	原文
15	a range of sources	sea, rivers, boreholes, rain
16	different	unlike
	alternatives	standard desalination techniques
17	number	two-thirds
	shortage	scarcity
18	potential customers	a wide variety of users
19	profit	price
	primary	mainly
20	finance	funding
21	different locations	easy to transport
	as	thanks to
22	fed into	enters
23	caught	trap
24	purified water	distilled water
25	displays	shown
	require	necessary
27	details	forms
	variation	variety
	global	different parts of the world
28	useful lessons	survival-relevant information
	reject	otherwise
29	social	society
	without factual basis	huge gap
30	insights	discover
	development	evolve
	methods	approach
	biological	biologist
31	analyse	check
	spoken	oral

续表

题号	题目	原文
32	find out	establish
	link	related
33	fewest	least
	variation	alter
34	change	evolve
	events	details
35	warning	cautionary elements
36	survival	reproduced
	horror	fear
37	different forms	related versions
38	survive	stick
	significance	matter
39	incorrect	not always true
40	safe	without having to experience danger
	deal with	build up resistance

Test 4

题号	题目	原文
1	access	source
	deep	tens of metres
2	crucial	key
	local inhabitants	people
	a long time ago	ancient
3	helped people	allowed local people
	survive	withstand
	periods of	years of
5	becoming a	turns into a
6	fuel	charcoal for cooking and heating

续表

题号	题目	原文
7	medicine	herbal remedies
8	construction	build houses
10	now making a good profit	doesn't yet provide him enough to live on 反
11	co-operation of farmers	persuading farmers to let him plant forest corridors
	help preserve	providing a refuge
	wildlife	insects
12	project	record biodiversity and see how it all works
	succeed	in a good position
	large area	huge expanse
	need	need—not like a rainforest that needs…反
15	only appropriate for short and simple messages	a surprising amount of information 反
16	different results	however
17	the Spanish introduced Silbo	Canary Islanders already had a whistled language 反
18	precise data available	have been described and studied scientifically
	today	still
19	children	elementary schools
	now	since 1999
	learn Silbo	Silbo Gomero has been tanght
20	different	individual
21	is controlled	increase
	using	puts
22	is changed	adjust

续表

题号	题目	原文
23	everyday	daily life
	transmission	communicate
	brief	short
24	essential	vital
	information	communication
	quickly	rapid
25	under threat	are threatened with extinction
	new	modern
26	Canaries' authorities	local authorities
	hoping to receive	trying to get
	UNESCO	the organisation
27	harm people and environment	damaging the environment and hurting people
	have no	offends
	moral standards	sense of justice
28	lack of	ineffective
	control	regulation
29	lack of public	the public doesn't
	involvement	care
30	environmental problems	damaging the environment
	overfishing	fishermen in an unmanaged fishery without quotas
31	or	and
	destruction	corrupt/unsophisticated
	trees	logging/rainforest
32	environmental damage could be prevented	make sustainable environmental policies profitable
	by the action of ordinary people	it is the public that has the power

续表

题号	题目	原文
33	influence	pass and enforce
	environmental policies	laws and regulations requiring good environmental practices
34	forced	made the same demands
	their meat suppliers	the meat industry
	follow the law	complied
35	should be prepared	must accept the necessity
	fund	higher prices
	good	sound
37	important to make a clear distinction	my conclusion is not 反
38	successfully influenced	have changed/be essential

《剑桥雅思真题 16》A 类

Test 1

题号	题目	原文
1	health problems	diabetes and heart disease
	under	underneath
3	genetically	genetic
4	genetic means	a gene known as APoB
5	survive	alive
	without food	fasting
6	weak	no evidence of significant loss of bone density 反
7	increasing bone density	bone remodelling
	used by people	potentially benefit
8	unintelligent	stupid
10	knock down	dislodge

续表

题号	题目	原文
11	located	standing
	worked out	calculated
	reaching	get
12	conscious	deliberate
	similar	appeared to
13	disappointed when hunting	missed out on a kill
	movements	hit out
14	A single certainty	there is no question
	less definite facts	argued
15	burial	tombs
	structures	rectangular, stacking stone slabs on top of one another, Step Pyramid
16	difficult task	challenge
17	external buildings and areas	temple, courtyards,shrines, and living quarters
18	areas…within the pyramid	chamber of the tomb
	artefacts	stone vessels
19	few	a small number
	remains	his valuables
	incredible	astonish and amaze
20	copied	follow
	design	architecture
21	as big as	the size of
22	accommodation	living quarters
23	entrances	doors
	encircled	ringed
24	visitors	someone wished to enter
	real	true
	entrance	opening

续表

题号	题目	原文
25-26	reign	rule
	length	19 years, a much longer time
	possession	grave goods, valuables
	tomb	grave
27	extent	3-14%
	alter	switch
	work	occupation
28	key	fundamental
30	unemployment	changes in the job market
	handled	tackle
31	rely on	dependent on
	information	data
32	growing	become
	recommendations	instructions
	reliance	dependent
33	deterred	discouraged
	innovation	new ideas
	intuition	instinct
34	confidence	trustworthy and transparent
	increase	more
35	automation	robots
	employment	jobs
	not…lower	increase
36	businesses	organisations
	appealing	attracted
	why	because
37	shifts	revolution

续表

题号	题目	原文
38	problems	issue
	AI	technology
39	conventional	traditional
	career	job, work
40	adequately	fair
	paid	incomes
	measures	new policies
	ensure	guarantee

Test 2

题号	题目	原文
1	particular area	chalk downlands of the country's southern counties
	most	vast majority
2	other creature	giants, crosses, regimental badges
3	recent dating	recently re-dated
	indicates	shown
4	origin	prehistoric, created by…between 11th and 15th century【解释总结型同义词替换】
5	created	method of cutting these figures
6	no longer visible	disappear
7	shape	outlines
	alter	change
9	ancient road	Neolithic track
10	appears	mentioned
11	analysis	testing
12	protection	protector

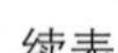
续表

题号	题目	原文
13	representation	represents
14	exist longer	outlive
15	individual	person
	more than	30 trillion, 39 trillion
16	discovery	see, examine, research indicated
17	tolerant	tolerance
	beneficial effect	maintaining our health
	a small number	fewer than one hundred
	lead to	bring
	illness	disease
18	friendly	friends
	enemy	foe
	should accept	should realise
	partnership	symbiotic, mutually
19	poor	unhealthy, low-fibre
	nutrition	diets
20	excessive focus on	obsession
	contribute to	responsible
	huge increase	soaring rates
	cleanness	hygiene
21	home	household
	fail to have desired effects	destroy microbes
22	contact	exposure
24	prevent	protect
	attacked	predator
	limited appeal	less appealing

续表

题号	题目	原文
25	control	stop spreading
26	reduce the risk	fight off
27	wrong	isn't
28	importance	powerful
	certain influences	experiential, situational, cultural factors
29	different circumstances	a variety of external factors
30	strategy	ways
	help	support
31	extent	limits【解释总结型同义词替换】
	modesty	humility
32	not the same	different
	opinions	beliefs
33	broad	wider
	view	perspectives
34	regard with	look at
	objectivity	a third-party perspective
35	and	such as
	fairness	justice and impartiality
36	students	graduating college seniors
	reflect on	participate in【解释总结型同义词替换】
39	detached viewpoint	distant observer role, other's eyes condition
40	only a very limited extent	only a small positive relationship

Test 3

题号	题目	原文
1	skills were passed on to Greeks and Egyptians	learn…from…Greeks and Egyptians

续表

题号	题目	原文
3	later practice	method, still in use today
	involve	consisted of
	hull before the frame	frame first then proceeding with the hull 反
4	dominated its use	control
5	most	mostly
	people from…army	citizens…in the military
6	were designed	were built
	moved quickly	very speedy
7	attacking and damaging	pierce…break
	ships	vessels
8	three different	top, middle and lower
9	broad	wider
	far below the surface of the sea	deep underwater
11	was used	be played
	ensure	assist
	at the same time	keep time with this
12	agricultural goods	agriculture products
	such as	e.g
13	pulled	drag
	shore	quay
14	weapons	arrows/bows
	left behind	misplaced/discarded
15	physical difficulties	hard work
	expedition	fieldwork
16	less food…available	failing agricultural harvests/crop failures
17	future	in years to come
	possibility	could

续表

题号	题目	原文
18	examples of items	hides/antlers/combs
19	work quickly	swiftly/race the clock
20	little protection against…	unless they're protected from…
	quickly	not last long
21	past	once
	gathered	congregated
22	avoid	escape
	biting	being attacked
23	went into	venturing into
	during periods of extreme cold	when the climate turned cold
24	certain time periods	other periods/3,800 to 2,200 BCE.
	number…low	few/almost no
25	benefited	good
	increased	booming
	goods	hides…as well as antlers
26	not rely on ships alone	overland routes
	transport goods	good travelled
28	target	achieving this
	agricultural production	agricultural yield
	could be missed	major threat
29	wheat and rice	crop
	suffer from	sensitive/reduce
	rise	high/increase
31	grow faster in sunlight than in shade	during the day…slowing down growth/ in shade…grow faster 反
32	speed	rate
	same	different 反

续表

题号	题目	原文
33	specialists	outstanding collaborators
	can make use of	can help us transfer
	research findings	this new knowledge
34	benefit	accelerate the breeding/resilient… stress
35	scientific support	provides the science
	traditional saying	rhyme long used
36	people	human
	traditionally	long
	making plans	used to predict…harvest times for the coming year
37	where	in the journal *Science*
	reported	published
38	are likely to	can
	early	in advance
39	wet	rain-soaked
40	the research	the work
	was carried out	was done

Test 4

题号	题目	原文
1	the Persian	they
	to direct…	to ensure that…kept to its route
2	run	flow
	people	human
	used by sb.	for sb. use
3	and	also
5	attached to	at the end of【抽象指代具体】

续表

题号	题目	原文
6	used for	to help (to do)
	X used for Y	X to help Y
9	the information about a problem	how the two teams of builders missed each other in the mountain
	was found	describes
	X was found in Y	Y describes X
10	two parts of the tunnel	both corridors
	failed to meet	missed each other
	mistake	error
11	what type of mineral	gold
	to extract	to mine
12	in addition to	and
	whose name	the name of the architect
13	what part of X	the harbor of X【抽象指代具体】
	protect	threatening
14	hidden	unbeknown
	effect	implication
	us	everyone
15	make point	has written
	pay attention to	ignore 反
	lost	disrupt or diminish
	when	while
	innovating	innovation occurs
16	some brain circuits	reading circuit
	adjust	adapt
	require	requirement
17	attitude	no longer have the patience
	A has influenced B	B as A
	what they select to read	avoid the classic literature…in favor of something simpler【抽象指代具体】

续表

题号	题目	原文
18	many	multiple
	trends	downstream effects【抽象指代具体】
19	using digital	on a tablet
	using print mediums	in paperback【抽象指代具体】
	team	group
	to find out	results indicate
	understanding	comprehension
20	the findings	results
	show	indicate
	order	sequence, chronological order
	read screens	screen-reading
	information	detail, plot【抽象指代具体】
21	save time	reduce time
22	leave no time	don't have time
	understand	grasp, understand, perceive
23	affect	change【抽象指代具体】
	our choice of reading content	what we read
24	complex reading skills	critical analysis and empathy
	lose	atrophy
26	still have opportunities	the story is hardly finished
	rectify	redress
27	superiority over	better than
	projection	predict/plan/forecast
	humans	we
28	distrust	reluctant to trust/suspicion and disbelief
	widespread	many
	innovation	outlandish

续表

题号	题目	原文
29	faith	confidence/trust
	human	people
	have more faith in human judgement than in AI	lack of confidence in AI, trust in other people
30	increasing divergence	polarised/optimists became more extreme, sceptics became more guarded/split
31	openness	reveal/ transparency
	how AI functions	the algorithms which AI uses/the way algorithmic decisions are made
32	advantages	improve/enable/more satisfied/ more likely/more willing to accept
	involving users	allowing people some control/people were allowed the freedom to modify/ people are given responsibility (users = people)【抽象指代具体】
	AI processes	AI decision-making/how they are implemented【抽象指代具体】
33	highlight sth.	need to do sth.【抽象指代具体】
	problem	lack confidence/reluctant to trust【抽象指代具体】
34	complexity	unfamiliar/too difficult to comprehend/ don't understand
	make sb. feel	give sb. a sense
	they are at a disadvantage	we're losing control【抽象指代具体】
35	the public	we
	mistrustful	cannot rely on
	AI	technology

续表

题号	题目	原文
36	subjective depictions	depicted…in a positive or negative light
	opinions	attitudes
	change	support existing 反
37	portrayal	represent
	likely	could
38	rejection	refusing
	may	could
	negative effect	at a disadvantage
	many people	a large group of people
39	familiarity	previous experience
	attitudes	opinions
40	users	people
	be able to do sth.	be allowed the freedom to do sth.
	gain approval	more satisfied/more likely to believe it was superior/ more likely to use it【抽象指代具体】

《剑桥雅思真题 17》A 类

Test 1

题号	题目	原文
1	increase	grew
	rapidly	astonishing rate
2	move	relocate
	better housing	newly constructed
3	a number of	some
	agree with	gain support
4	problems	difficulty
	getting	raising

续表

题号	题目	原文
5	negative	critical
	appear	print
6	completion	add
	cover	laid on top
8	travel	journey
9	use	add
	pollution	smoke and fumes
10	different approach	not an option, alternative
	technique	method
12	financial	profit
14	negative	scepticism
15	environmental benefits	reduction of CO_2 emissions
	figures	660 tons, 80 percent
16	facilities	hotels, retail outlets, conference centres, restaurants and bars, children's playgrounds and green space
	new	innovative
17	disadvantage	lost, not accessible
	a certain era	the beginning of the 20th century
18	convert into	became
19	watch	stage
	spectators	public spectacles
20	famous	prime
	venue	site
	today	currently
21	many purposes	variously used
	storage	depot

续表

题号	题目	原文
22	now	today
	homes	residences
	incorporate	embed
23	less versatile	flexibility…lost
24	less convenient	not be as accessible…
	location	situate
25	community	family and a wide cross-section of society
	bring back	open…up to
26	suitable	ideal
	installation	fit, use
	renewable power generators	photovoltaic panels, micro wind turbines
27	formed a strategic alliance	did a deal
28	become king	being crowned
	abandoned	sacrificed
	religious conviction	principle, national religion
	death	died
29	decisive victory for the Parliamentarians	comprehensively defeated by the Parliamentarian army
30	reward	sum
31	hide	evade
	relative safety	seeking refuges
32	task	commit his story to paper
33	lack sufficient details	great detail 反
34	planned	think of
	escape	saving

续表

题号	题目	原文
35	inclusion	use
	account	narrative
	positive effect	joys
37	brought to life	get to the action
38	celebrate	set in train a series of initiatives to memorialise
39	unbiased	even-handed
40	fails to address	doesn't quite hit the mark
	experiences	disguise, survive on wit and charm, trickery and subterfuge
	influence	affected, form

Test 2

题号	题目	原文
1	threw	tossed
	noise	sound
2	went into	entered
	a number of	a collection of
3	containers	jars
4	written	work
	known as	called
5	mainly	majority
6	little money	sold for a small sum
7	academics	scholarly
8	most…incomplete	only entire
9	unusual	the only exception/unconventional/odd
11	buy	offer
	educational establishments	universities

续表

题号	题目	原文
12	piece together	make up
	annual occasions	yearly religious events
13	only one more	final
14	resist	resistant
	infection	disease
	dangerous	devastate yields
15	only	single
	problem	much genetic diversity is lost
16	plants that are not cultivated at present	new foods/new staple crop
	examples	foxtail
	oat	grass and cowpea
17	early	3000 years; more recent—now
	more recent	now
	comparison	better/more nutritious
18	flavour	tasty/strong/aromatic
19	future environmental challenges	even as planet warms
	adapt to	thrive
20	unusual plants	obscure plants
	growing	framers
	eating	consumers
	be accepted on a large scale	popular
21	public	reveal
22	cost	expensive
23	on Earth	in the world
	only	just
24	undesirable	less desirable
	loss	lost

续表

题号	题目	原文
25	three times	triple
26	not badly affected by	tolerant
27	common	popularly
28	criticising	misrepresents
29	set aside	exception
30	foundation	interesting idea
	someone else	Niels Bohr
	breakthrough	now-famous model of the atom
31	the simple reason	unable to fully bend his left knee
	invented	developed
32	create new ideas	innovations
33	discovered	advanced
34	no planning is involved	without any end objective in sight
35	novel	new
36	scientists	scientifically
37	great mind	genius of such intellectual stars
	sudden	pop
	inspiration	ideas
38	mistakes	wrong
39	luck	a happy accident
40	no clear	without any
	goals	objective

Test 3

题号	题目	原文
1	diet	feeding
	entirely	exclusively
2	hunting	chase
	probably	likely
	depend mainly on	relied more on

续表

题号	题目	原文
3	young	newborns
	first months	up to three months
	inside	into
4	last evidence	most recent…occurrence
5	available source of food	prey
	reduction	loss
	and	along with
	partly responsible for	other factors contributed to
6	from the 1830s onwards	began in the 1830s
	significant numbers	dramatic
	were killed	efforts…with shotguns
	humans	sheep farmers and bounty hunters
7	the late 1800s	1899
	were born	breed
8	prediction	foresaw
9	possible extinction of the thylacine	decline of this species
	many scientists became worried	nor was much concern expressed by scientists 反
10	proposal	suggest
	rehome	placed
	captive	captured
11	a piece of legislation	a motion
	species	thylacines
	in existence	on the very edge of extinction 反
13	attempts to find	expeditions and searches
14	environmental advantages	ecological benefit

续表

题号	题目	原文
15	organization	group
	controls the environmental impact	insists upon no virgin forest clearing
16	widespread global use	the most consumed…in the world
17	particular species	bird's nest fern
18	figures	from 6-17 million hectares/from a mere two million tonnes…now around 60 million tonnes
	expansion	grew/double or even triple
19	justification	argument
	opposing	boycott/replaced/eliminated
20	examples of creatures	elephants/tigers
	badly affected	suffered
21	demands	insists
	open and honest	transparency
22	several years	decade
	establish	reached
	criteria	standards
23	stay	remaining
	not refrigerated	room temperature
24	habitat loss	habitat destruction
	animals	species
	best known	most famously
25	criteria	standards
	certification	officially
	growers	producers
	routine basis	regular
	check	assessment
26	restore	recover

续表

题号	题目	原文
27	covers	compilation
	a range of factors	different aspects
28	potential problem	not obvious why
29	too specialized	more technical
	most readers	a general audience
30	some parts	chapter eight
	limited appeal	distraction
	certain people	readers primarily interested in New York
31	research into the topic	papers that estimates…land values
	nature	data work
32	first chapter	chapter one
	air	sky
	early 1600s	in 1609
	probably	might
	lack interest	fascinating account 反
33	prepare well	set the stage
	yet to come	comes later
35	harbour	waterfront
	concentrated around	between【矛盾】
36	lack	absence
	absent from	not being built between
	specific areas	two urban centers
37	cannot be regarded as	neither
	excessive expense	cost…prohibitively high
38	total expenditure	overall cost
39	possible	enable
	deep excavations	dig down for considerable distances
40	associated risks	dangers involved

Test 4

题号	题目	原文
1	many	much
	are being destroyed	this destruction
	are being destroyed by	a key reason for this destruction is
2	loss of habitat	devastating habitat loss
	in Madagascar	on the island
4	A has resulted in B doing sth	B are taking advantage of A to do sth.
	useful	valuable
5	other indigenous bat species in Madagascar	Major's long-fingered bat, the Malagasy white-bellied free-tailed bat and Peters' wrinkle-lippod bat
6	may feed on	are preying on
8	ate	consuming
	sugarcane, nuts and fruit	other crops
9	disease	malaria, Rift Valley fever virus and elephantiasis, river blindness
	eating	feed on
	and	as well as
10	mixed	complicated
	they	bats
	provide sth.	a source of sth.
	rich in sth.	crucial source of sth.
12	play an important role in	very significant in
	local	of the people
13	recommendation	we hope that
	provide	install
	support	promote

续表

题号	题目	原文
14	consistent	constant, the same level
	income	wealth
	individuals	different people
	focus on	following
15	examples	court records, guild ledgers, parish registers, village censuses, tax lists and 9,000 handwritten inventories【抽象指代具体】
	the sources	the lives of southwest German villagers between 1600 and 1900【抽象指代具体】
16	one individual	Juliana Schweickherdt
	refusal to obey	counter to, defiance
	an order	ordinance
17	a region	German-speaking central Europe
	being particularly suited	excellent
	research into	laboratory for testing
	the link	the relationship
18	possessions	belongings
	personal	of women and men
	list	inventories
	examples of the items	from badger skins to *Bibles*, sewing machines to scarlet bodices, agricultural equipment and craft tools, books and education-related objects like pens and slates, the tax lists, signatures and people's estimates of their age, court records

续表

题号	题目	原文
19	has compiled	have been building
	individuals	people
	as well as	and
	over	across
20	for example	like
	were reprimanded	were chastised
	while they should have been	instead of
	paying attention to	listening to
21	breaking	counter to
	rules	ordinance
	later	when sb. continued
	was given	was told to pay
22	illustrate	reflects
	prevent	held back
	and	not only…but also
	stop	prevented
23-24	very good	excellent
	improve	increases
	literacy rates	education
25-26	opposed to	blocked
	people moving to an area for work	labour migration
	opposed	legislated against, resisted
	threatened	undermined, reduce
	control over a trade	monopolies, influence
27	earlier	go back centuries, in 13th-century Florence, in 1947

续表

题号	题目	原文
29	limited to chess	didn't find anything other than playing chess
	skill	be supremely gifted at
30	skill	prowess
	is of interest to	has drawn interest from
	scientists	researchers
	why	in the hope of
31	priorities	the most important part
32	a reason why	as
	the last part of a game	the ends of games
	difficult	taxing
33	forthcoming	next month
	games	take on opponents
	participants	his challengers，Gareyev
34	competitions	games
35	research	tests
36	good	accomplished
	be able to	can + are capable of
37	researchers	scientists
	started	first
	testing	assessed
38	for example	one classic test
	recall	repeat
	in order and also in reverse order	both forwards and backwards

续表

题号	题目	原文
39	although	but
	normal	not exceptional
	an unusual amount of	much greater than average
	within the areas of	between parts of
	directing	allocate
40	in addition	also
	raised the possibility	suggest
	unusual strength	more highly than usual, more powerful than normal
	the parts of his brain	the areas of his brain
	deal with	process

《剑桥雅思真题 18》A 类

Test 1

题号	题目	原文
1	grow	burst
2	daily	every day
3	city	urban
4	wide range of	17 different (pesticides)
	pollute air	greenhouse gases
5	not good	poor
	survive	withstand
	long	2000 kilometres
6	overall income	the price I pay
	very little	80% of the price I pay goes to wholesalers and transport companies, not the producers

续表

题号	题目	原文
7	no soil	soil-free
	produce	crop
	chosen	select
	because	for
8	below ground	underground
10	relies on	consuming
11	produce	growers
	traditionally	classic
	cheaper	lower
12	at any time of the year	the summer months 反
14	financial reward	economic value
15	worth	value
16	vehicles	lorries, cars
17	insects	pest
18	name	call
19	remove	cut
	diseased	sick
20	income	the money that comes in
	across a number of years	over a decade or more
21	close in age	at a similar point in their growth
22	removed	removal
	avoid the possibility	prevention
23	improve soil quality	nutrients cycle back into the soil
24	a range of creatures	insect predators like woodpeckers, bats and small mammals
25	animals and insects	wildlife

续表

题号	题目	原文
26	variety	diversity
27	cooperation	collaborating
	minimise risk	avoid a shared threat
28	aim	want to
	a person	Jah
29	collision	smash
30	comparison	same
	tracking	know the location
31	junk	debris
	classify	taxonomies
32	give advice	guidelines
	be achieved	have developed
33	no longer active	inactivating
	unused	leftover
34	cause	lead to
	removed	venting
35	obligations	responsible
36	exact location	precisely where everything was
	prevent any possible danger	never have a problem
37	future	generations to come
38	recommendation	guidelines; advise
	is widely ignored	only about half of all missions have abided by
39	conflicting	completely different
40	not be able to undo	reach a point of no return

Test 2

题号	题目	原文
1	made from	fashioned out of
2	be arranged	held
	inside	within
3	used…to make…	fashioned…out of…
4	giant baskets	supersized baskets
	pulled	hauled
5	were brought…by	carried
6	builders	work
7	used as	served the function of
	site	ground
8	worked as	operated as
9	placed in	arranged into/stand…in
	outer area	outer crescent or ring
	middle	centre
10	scientific proof	radiocarbon dating
	same point	repositioned 反
12	objects	bones, tools and other artefacts
	a number of different group of people	several distinct tribes of people
14	limitations on the capabilities	narrow/highly specialized tasks/ restriction
	future is unlikely…	temporary
16	poorly defined objectives	ask for the wrong thing
	go wrong	disastrous consequences
17	challenge	difficult
18	future	they'll be
	superior to humans	better than us
19	human shortcomings	conflicted about the ideals ourselves/ ignore the suffering of strangers
	more difficult	won't be easy

续表

题号	题目	原文
20	ability	better…at sticking
	moral decision	moral high ground
	prevent	discourage/ lose our freedom
	promoting interests of communities	discriminate in favour of our own communities
22	many people	few of us 反
	independence	our options
	are comfortable with	welcome
	being restricted	limiting
23	our best interests	act well for us
	work together	cooperative spirit
24	are allocated	how…are used
25	bigger role	greater role
	for example	e.g.
	certain	some
	not having	depriving
26	current level	presently
28	current climate crisis	today…climate crisis
29	challenge we face today	today, the world is on…climate crisis
	earlier times	14th century
	be compared to	as
30	15th century	1486
	was constructed	unfulfilled 反
31	poor town planning	unsustainable urban models
	major contributor	key cause

续表

题号	题目	原文
32	changed	reconfiguration/expansion
33	record of…designs	notes and sketches
	neat, organized	disordered 反
34	better	easy
	for trade	goods
	less polluted environment	clean urban spaces
35	tower block	high-rise buildings
	exterior	outdoor
36	wasn't only	and
38	long after his death	19th century
39	example	for example
	redesigned	renovation
40	no longer…best approach	instead of

Test 3

题号	题目	原文
1	raw materials	fly ash and slag from iron ore
	potential	possible
	industrial processes	a byproduct of coal-burning power plants/a byproduct of the iron-ore smelting process
2	various locations	Vancouver, Vienna and Brumunddal in Norway
	high-rise	tall
	sth. can be found	be home to sth.
3	widely	in most places around the globe
	available	in abundance
	raw materials	ingredients

续表

题号	题目	原文
4	more	a wider range of
	high-rise	tall
	buildings	construction projects
	A are needed before B	only when A will B
	can	possible
	be regarded as	see as
	viable	real alternative
5	traditional	rather medieval
	current environmental concerns	climate change
	encouraging	driving
	to use	to turn to
	wood	timber
	modern	recent years
6	challenges	not straightforward
	in the atmosphere	from the air
	enters	absorbs
	increases in size	expands
7	glued	stick
	create	form
	solid wood	solid-sawn timber
8	noise	quiet 反
	an improvement	greater/quieter
	improvement in terms of how much noise	quieter
9	alternatives	replace
	may not be great	might not make sense
	environmental advantage	can save carbon/lower the overall carbon impact

续表

题号	题目	原文
10	create	making
	comparable	similar
	be hard	be difficult
	would	be going to
11	worries about the environment	climate change concerns
	have led to	the key driver
	interest	demand
	sth. as a construction material	building in sth.
12	expense	cost
	the negative response	resistance from customers
	new	novel
13	environmental damage	high carbon
	is due to sth.	sth. is the issue
	being produced	manufacture
	large	huge
	quantities	scale
14	good aspects	strengths
	bad aspects	weaknesses
	are passed on	evolved into
15	an option arises	a new technology appeared
16	positive	improvements/a feat/remarkable
	publicity	magazines/described…by…magazine
	quiet	virtual silence
	clean	in contrast to…burned hydrocarbons
	fast	swift
17	further improvements	expand upon the innovations/add features/enhancements
	commercial orders	deposits

续表

题号	题目	原文
18	disappointing	unhappy/complained
	customers	buyers
19	a period	overnight/over an hour
	in cold conditions	in freezing temperatures/in the frosty morning air
	is assessed	test
20	possible	might be/not unthinkable/may
	the issues	the pressure
	today	current
21	its success	the glory of steam cars
	short-lived	days were few
22	competitive	numerous improvements over previous/be superior to
	several attempts	built their first steam car/went on to build a second and third prototype
23	raised financial capital	seek investment
24	a later version	was further developed and tested
	the Model E	the new Doble steamer
	while	and
	extremely low	negligible
	raised	maximum…was pushed to over…
25	too expensive for many people	popular only among the very wealthy
	and	plus
	was constantly being altered	tinkered endlessly
	under	fewer than
	before the company went out of business	by the time the company folded

续表

题号	题目	原文
26	straightforward to maintain	with only normal maintenance
	satisfy	pass
	California's	in California
28	very broad	almost every
29	not achieving their full potential	never summit Mount Qomolangma/ mediocrity prevails
30	assistance	help
31	according to sb.	sb. notes that…
	little indication	limited evidence to suggest/minimal effects
	streaming	tracking
	leads to	results in
	higher achievements	better outcomes
32	points out that	notes that
	the most…in the bottom sets	less…in higher sets
	impact	affect
	placed in the bottom sets	assigned to the lowest sets
33	a large proportion of	much higher representation of
	disadvantaged backgrounds	low class
34	minimal advantage	small benefit
	brightest pupils	lucky clever students
35	lower	limits
	expectations of sb.	feels sb. is capable of/estimate of sb.'s achievement
36	ability	aptitude
	support	would be madness 反
	a mixed-ability class	everyone on the same hike

续表

题号	题目	原文
38	rewarding	exciting/a certain pride and zeal
	teach	pass on
	only recently acquired	have just mastered
39	should be to ensure	need
	the highest-achieving students	bright stars
	attain goals	meet needs
40	outdoor activities	a hike

Test 4

题号	题目	原文
1	challenges	restrictions and disruption
	overcome	planning
2	a city	Toronto
	promote	encouraging
	many years	dating form the 1990s
3	new ones	new variations
4	combination	integrate
	other green urban initiatives	living walls, drainage systems
5	persuasive	convince
	financial benefits	economic value, money saved by installing natural solutions
6	lessen	mitigate
	reduce	save
	money	costs
	create	make
	environments	habitats
7	produce	grow

续表

题号	题目	原文
8	social benefits	social value
	medical profession	doctors
	recommend	prescribe
	mental health issues	anxiety and depression
9	prevent	avoid
	physical problems	dementia, obesity
10	greater water-storage capacity	keep enough water
11	cultivate	grow
	more types	greater variety
12	a wide range of species	maximise biodiversity
14	nature	inherent ability
	shift	revolt
	when	in the early 20th century
15	potential	ability
	succeed	improve
16	afraid	fear
	push themselves	effort
17	not strict	date to support just about any theory at all
18	incorrectly interpreted	misunderstood and misapplied
19	unchangeable	innate
20	promote	deliver
	without…aware	subtle
	students	adolescents
21	not simply	not just
	boost students morale	make children feel good
22	no effect	aren’t
	academic achievement	better grades

续表

题号	题目	原文
23	handle	responding
	admirable	great credit
24	more effective	stronger
26	deliberate attempts	motivational posters and talks
	high achievement	success
	negative effect	adeluded notion of…
27	widely disputed	international controversy
	alive	lifetime
29	scientific fields	geology, geophysics, paleontology, climatology
	support	evidence
	limited	a large number of 反
30	similarities	different 反
	enormous	quite
31	remarkable	most intriguing
	propose	came up with
32	professional interests	trained as…; pursued a career in…
33	modest fame	not an unknown
34	six years previously	1906
	record-breaking achievement	set a world record
35	well-publicised	highly publicized
	hazardous exploration	dangerous expedition
36	publication of his textbook	the author of a textbook
	come to the attention	made a name
	select group of German scientists	a small circle of meteorologists and atmospheric physicists in Germany
37	desirable	urge
38	not a particularly ambitious person	not active in scientific societies

续表

题号	题目	原文
39	easier	better chance
40	little control	not…the authors of our own lives

《剑桥雅思真题 7-18》G 类

《剑桥雅思真题 7》G 类

Test A

题号	题目	原文
4	throughout	anywhere
7	not charged	free
8	rapid	times are much shorter
9	quantities	amounts
10	low in moisture	dry
11	skins	casings
12	liquids	soup, boiling point
13	re-heating	a second time
14	clean	wiped out, cloth
15	impressive	importance
16	depend on	rely on
	principal	main
17	produce goods	manufacturing
18	removed	knocking down
19	permitted	allowed
20	close to	near
21	collect	pick up
22	authorize	approve
23	paid extra	additional compensation
24	taken off	deduction

续表

题号	题目	原文
25	calculate	worked out
	method	system
26	fill in	complete
29	genetic qualities	new breeding
30	not easily distracted	concentration
33	noisy	roaring
34	maintain concentration	focusing on
35	constant	for long periods
36	approval	praise
37	widely accepted	controversial 反
38	notice	spot
40	concealed	hidden
	miss	escapes

Test B

题号	题目	原文
13	not allowed	prohibited
14	not allowed	refuse
16	receiving	getting
18	via	through
19	speak to	talk with
20	look at	inspect
	boss	employer
24	need	require
25	easy	uncomplicated
27	sender	recipient 反
29	leading to	approach
30	closed to traffic	open only to pedestrians

续表

题号	题目	原文
38	raise money	funded
39	attractive	cheaper, more efficient
40	connected to each other	fitted together, joints

《剑桥雅思真题 8》G 类

Test A

题号	题目	原文
2	tour	trip
4	not open	close
8	minor	non-emergency
9	a parent	a family member
	bring	accompany
10	had before	pre-existing
13	laptop	portable computers
	stolen	theft
15	suspicious	odd, unusual
	report	inform
16	stop	detain
17	face	be subject to
18	human resources	staff
19	confidential	disclosure
20	hand in	hand over
21	excluded	not covered
22	minimum	no fewer than
	annual	a year
25	possible	e.g.(for example)
28	earlier	long before
	application	used

续表

题号	题目	原文
29	research	tested
34	believed	risky, failed 反
38	kill	against
	microbes	bacteria

Test B

题号	题目	原文
1	unwanted	change your mind
	straightaway	at once, immediately
	receipt	proof of purchase
	probably	likely
3	factory	manufacturer
6	contributes	pay
8	bought	sell 反
9	lose	missing
11	get in touch	notified
13	buys	withdraws
16	cut	reduced
	stationery	paper
17	displayed	putting up
19	unwanted	waste
	used for	serve…purposes
20	refreshments	tea
21	sent	donating
22	not to imitate	unlike
	ignore	take notice
23	recommended	advises
24	request	ask

续表

题号	题目	原文
25	studying	reading
26	avoid	steer clear
32	faster	more easily
37	provides opportunities	open the door
38	work	job

《剑桥雅思真题 9》G 类

Test A

题号	题目	原文
1	few hours a week	2 hours per day
	early morning	finish work before the offices open
2	no experience	formal qualifications not as important as sensible
	full-time	Mon-Fri, 8.30-5.00
	short-term	Jan-July
3	no experience	experience not essential
	cannot work on weekdays	Sat & Sun only
4	more than 20 years' experience	experienced
	run a business	start up on their own
5	full-time	full-time cook
6	well-paid	excellent wages
7	advantages	special
	with a friend	for two people
8	cannot use, Friday	except all these peak days: all Fridays
9	without restriction	valid, all
10	booked up to 7 days before departure	by booking at least a week before outward travel
	cheapest	unbeatable price

续表

题号	题目	原文
11	restriction on departure time	only available for travel after 9 a.m.
12	cannot get your money back	non-refundable
13	out on Monday and back the next day	must include a Saturday night away
14	cannot use, between midnight and 10 a.m.	allows…between 10 a.m. and midnight 反
15	aim	objective
	to present…to clients	to project…
16	state of clothes, must be	should be pressed and never wrinkled
17	brightly colored	flashy
18	avoid too much	in moderation
19	allowed	permitted
20	recommend	strongly encouraged
21	breaking	fails
	repeatedly ignored	problem persists
23	pension	pension scheme
	work a minimum of	to most staff who have completed
24	take a holiday, provided by the company	offer subsidised holiday accommodation for staff
25	pay half the seat price	ticket subsidies of 50%
26	financial assistance for	financial support
27	in difficult circumstance	particular hardship
28	sorting	categories
30	improvement	upgrading, updating
31	carry out the repair work	doing the intricate restoration work
32	rebuild Uppark	restoration programme
33	reacted to	debate

续表

题号	题目	原文
34	completed	finish
35	rescued immediately	the courage and swift action
36	large quantities	the bulk
39	reasons	three main reasons

Test B

题号	题目	原文
1	over 25	a mature student over this age
2	photographs	photos
3	certain time	before 10 a.m. Monday to Friday (except during July and August)
4	impossible	invalid
5	not transferable to…	be used by anybody else
7	must pay	will be charged
8	concession	discount
9	large groups	over 25 passengers
	reserve	reservations
10	cancel	refund
11	paying	a charge of
13	responsibility to make sure	it is up to you to check
15	make sure	ensure
	academic qualifications	educational qualifications
18	provide stability	job security
20	enter the workforce	into the workforce
	increase	improving
21	invitation	being asked to
25	listeners	audience
27	prepare well	a burst of confidence

续表

题号	题目	原文
29	dangerous	scared, death
30	likes	enjoyed
31	military	the air force
32	first	initially
	firm	company
34	top speed	soaring
36	equipment	special wings
	enabling	managed to do
37	promote	advertise
39	mistake	regret
40	prevent	trouble, impossibility
	leaving the ground	taking off

《剑桥雅思真题 10》G 类

Test A

题号	题目	原文
1	must	required
	new	recently
2	cost less	the cheapest
4	must	require/need
	fitted	installed
	specialist technician	professional installation/licensed professional
5	get in touch with	contact
	placing	disposed
	household rubbish	domestic waste
6	warning sound	short beep
	low	running out

续表

题号	题目	原文
7	checked	tested
	once a month	every month
8	discount	concession
	young visitor	seniors/students/children
9	footwear	rubber-soled shoes
10	pretend	imagine
	concert	performance
11	restriction	limited
	participants	people per tour
12	reduction	not essential
13	in advance	two days prior
14	length	duration
15	sent	address
16	as much as possible	maximum
17	be caught by	attract
18	letters	mailing
19	two or more colours	at least two-colour
20	more than	much greater than
	effective	incentive
	picture	photographs
22	improve	raise
23	wider	internal and external
24	make sure	ensure
	current	up to date
25	high	excellent
26	specific	particular
28	high-quality gum	the best and purest gum

续表

题号	题目	原文
29	factors	buried/health of the original tree and the areas of the bleeding
31	gathered	collected
32	main industrial	main commercial
33	recent	over the years
34	first used	original
35	peaked	maximum
36	farmers	settlers
37	jewellery	amber/prized/necklaces and bracelets
38	string instruments	violins
39	most	majority
	underground	digging

Test B

题号	题目	原文
1&2	for his wife	your own 反
3	incomplete application	miss information
6	have a passport	the holder of a valid passport
7	sign	write/sign
8	observation	a view of
10	healthcare	medical/pharmacy
11	baggage	luggage or packages
12	fees	payments
14	departure	leaving the country
	meeting	seminars or business gathering
15	young	between school and work or higher education

续表

题号	题目	原文
16	catering industry	washing up in a restaurant
18	easy	very soon
	the sort of work	jobs
	want	dream
19	check out	research
	vacancies	job opportunities
	before	in advance
21	good	advantage/friendly/polite
22	contacts	speak/ask
23	adequate responses	answer questions as fully as you can
24	get on well with	friendly and approachable
25	information	why…/whether…/what…/which…
26	honest	don’t exaggerate
27	punctual	never…arriving late
28	unworkable	impractical
29	flammability	catch fire
30	decreased	reduced
	energy	power
	explosion	explosive
31	safer	entirely safe
34	different method	add chemicals/sawdust and paper/brick dust
36	award	Nobel Prize Winners
38	take full advantage of lucky discovery	chance favours
39	exposure	exposing
	limited extent	weak
40	removal	removed
	did not affect	good

《剑桥雅思真题 11》G 类

Test 1

题号	题目	原文
2	all	a good reason
6	overlook	first floor（英国的二楼）
7	own parking space	private parking
8	centre	central location
9	seen	views
10	swimming pool for residents of the apartment complex	own pool
11	new	only just opened
12	own	for residents
13	private outdoor area	terrace
14	parking	garage
15	education	academic background
20	way of working	working lifestyle
21	Meet a manager	introduced to the Area Leader
22	avoid	Do not enter
	certain places in the building	restricted areas
24	items which could cause injury	sharp objects
	disposed of	into waste bins
25	not all departments have the same system	may vary
30	confusing information	the question
32	obstruction	the obstacle
33	three different ways	the first/second/final…
35	officially	experts call
36	male zebra	stallion
	a number of	seven or eight

续表

题号	题目	原文
38	unsure	this raised the question
39	admiration	remarkable

Test 2

题号	题目	原文
3	every year	annually
	gather	collect
	information	data
4	disappointed	proud 反
5	children	pupil
	risen	increase
	in recent years	last three years
7	likely	greater risk
	badly affected	implications can be serious
9	new	latest
10	how long	about a year
11	possibility	small chance
	type	strain
	different	not contained in
12	categories	groups
13	consists of	contains
14	signs	symptoms
15	practising	go through
	a family member	relative
16	such as	like
17	less rapid	slow
	overcome nerves	relax
18	acceptable	not be too obvious
	reassure	secure

续表

题号	题目	原文
19	like	as
	people…hear you	your audience
20	check for	look for
	points	ideas
21	plenty of	full of
	communicate	presentation
22	like	such as
	extra details	subsidiary information
23	apply for	request
	temporary	short-term
	local papers	newspapers in the area
24	acquire	reach
25	build up	creating
	displaying	show off
	ability	talent
	progressed	developed
26	detailed	thorough
27	makes sense	clarity
	without	no
	short	brevity
30	early	since 1982
	career	work
31	different way	new ideas
36	all	someone needs help 反
37	worried	thinks
	before the store is already	on time
39	thrown away	scrapped

Test 3

题号	题目	原文
1	different	every
	sections	part
2	art showing	exhibition
	a different part of the world	South American
3	work exhibited	show
4	need	depends on
5	daily at the same times	on the hour throughout the day
6	relationship	how they interact
	creatures	birds and bats
8	fallen	reducing
10	must	possible 反
12	free	£1.10 反
15	times	periods
16	spaces	areas
	smaller meetings	groups for discussions
17	such as	example
19	identification	name
20	opinions	responses
21	improve	increasing
	chance	likelihood
22	think of	create
23	a good time	an excellent opportunity
	ask	request
	extra	additional
24	criticism	negative assessments

续表

题号	题目	原文
25	a number of	a list of
	individual	personal
	arising from	based on
26	half-way through the year	six months
	request	ask for
27	work	job
28	unusual	special
30	long journey	great distances
32	disappointment	concern
	desirable outcomes	joy
33	optimism	hope
34	main	primary
	purpose	aim
38	known as	called
39	plentiful	abundance
40	lack	relatively few

Test 4

题号	题目	原文
1	animals	species
2	business conference	corporate events
3	the last century	a hundred years ago
4	all year round	whatever the season
5	light meals	snacks
11	unaccompanied	independently
12	before…training	on your course 反
13	any age	14 反
15	gain	have more

续表

题号	题目	原文
16	documents	materials
17	involved in	go with
	post	job
18	unpaid help	voluntary work
19	development	future
20	work record	career history
23	market	promote
	method	system
24	find	look for
	buy	invest
25	in accordance with	regulates
	other essentials	insurance and tax
26	how much to charge	prices
	calculate	build in
27	consider	think
28	solution	key
	falling	decline
	numbers	populations
29	features	adaptations
30	reproductive	breeding
31	lonely	self-sufficient
32	fussy eater	selective feeders
34	a range of	a variety of
36	difficult	problems
37	increased	higher
	running fast	superior speed
38	resemble	like（538 个核心考点词第一名！）

续表

题号	题目	原文
39	characteristics	physical adaptations
	avoid capture	survive
	all-round	360°
40	massive	large
	separately	independently

《剑桥雅思真题 12》G 类

Test 1

题号	题目	原文
1	help	join in
	one particular event	a world record attempt
2	local musicians	artists from around the Wychwood area
3	lots of different places	30-plus venues
4	not necessary to pay	free music
	one of the events	party in the city
5	stay overnight	three-day festival, taking a rent, put visitors up
6	children	family festival
7	get advice	educate visitors
8	watch craftspeople at work	sheep herding, wood carving demonstrations, insect hunt…
9	compulsory	without 反
10	watch	overlook
11	climbing session	mobile wall, climbing faces
	garden	outdoors
12	clothing	scarves
	forbidden	remove

续表

题号	题目	原文
13	used	operated
	dry	light rain 反
	calm weather	winds up to 50 kph 反
14	afraid of heights	feel nervous
15	most effective places	right places
17	forms	print, press, direct mail, telemarketing, email and the internet
	more likely	increase your chances
	find out	seen
18	can	possible
	provide	send
	useful	helpful
19	improve your business	change your business for the better
20	success	great asset
	new customers	others
	largely depends on	more likely to be influenced
21	don’t apply to	not covered by
22	maximum	up to
	provided	maintained
23	more than 10 hours	work longer
24	include	count as
	vehicle	transport operation
25	with	accompanying
26	some	reasonable amount of
	count as	satisfy the requirements
27	cause	due to
	delays	hold-ups
28	a number of	several
	concerning	interested in

续表

题号	题目	原文
29	worked by	powered by
	human operators	human action
30	designed	intended
	educational principle	demonstrating basic scientific principles
31	a bird	swan
	interacting	turn its head, bend down, catch fish
32	performed	play
	musical instrument	flute
33	produced	wrote
	documents	treatises
	create	build
34	require a human	work by turning a handle
35	air	air pressure
37	various	all manners of
	the time	period
39	reduced the cost	made cheaply and easily
40	intended	became

Test 2

题号	题目	原文
1	learn about	find out
	or	alternatively
	relevant information	details
2	refer to	use
	ensure	make sure
	all	full
3	use	visit
	request action	investigate an issue
	proof	evidence

续表

题号	题目	原文
4	in the case of	if claiming for
	prove	proof
5	showing the damage	as evidence
6	keep	retain
7	claim	submitted
8	certain times	summer
	special meals	traditional feasts
9	get dressed up	try on armour
10	another castle	Helmsley Castle
	the same area	nearby
11	stories	ghost tales
	told about	associated with
12	part of the castle	dungeon
	frightening	scary
13	perform	put on
	part of the year	during the summer month
14	particularly	especially
	suitable for children	designed with younger visitors
15	not to work regular hours	flexible time
16	look after a relative	carer's leave
17	two alternative periods	9 weeks, 18 weeks
18	without a break	continuous service
	additional holidays	6.5 weeks LSL
19	about	specialise in
20	talk about	discuss
	job	work
	in private	confidentially

续表

题号	题目	原文
21	you	apprentice
22	requirements	ask for
	regarding	about
23	each industry	apprenticeable occupation
24	relevant	related to
25	a member of	part of
	during the apprenticeship	as an apprentice
26	supervised	under the guidance
	known as	called
27	consulted	consultation
	deciding	set up
	schedule	times
28	disadvantage	cut off, obstruct
29	rising demand	wider needs
30	alternative	a bridge or a tunnel
31	advantage	not obstruct the estuary
32	build	construct
33	growing popularity	children, people
34	growth	improvement
35	operating	establish
	other forms of transport	overland transport system
36	mid-19th	1851
	greater	increased
37	failed	didn't last long
38	moves	changing
39	grounds	because

Test 3

题号	题目	原文
1	teach their skills	show how to cook
	others	kids
2	prepare at home	read ahead
3	certain materials	base metals
	included in the course fee	supplied free
4	prepare meals for guests	special occasions that…
5	make the best use of	include effective use of
	certain item	lenses and lighting
6	follow instructions	keep strictly to a simple recipe
7	improve	get
	health	fit and well
8	second-hand	hand-restored
9	held	provide, offer
11	snacks	tea-and-coffee-making facilities and a bridge
12	books	manuals
14	one week	seven days
	get their money back	refundable
15	recognition	acknowledge
	work	high quality patient care
17	available	assist with
	buy	purchase
18	not restricted to	not just
19	help	support
	a long absence	a long illness or injuries
20	large	ample

续表

题号	题目	原文
21	reduce	discounts
	using	provides
22	existing employees	current staff
23	agree on	based on
	measured	measurable
24	related to	achieved
25	offered	used
	employees	staff
26	records	copies
27	specific	particular
	less money	smaller bonuses
35	main concern	more serious point
	completely	entire
	break down	collapse
36	the public	human nature
	less likely to help	support little
	unattractive creatures	worm, nematodes
38	consequence	resulting
	contracting	shrinking
39	full of	a high level of
	different species	biodiversity
	large numbers of	millions of
	wetland	salt marshes and mud flats
	shore	coast
40	destroy	collapse
	marine creatures and vegetation	entire system
	deprive	starvation

Test 4

题号	题目	原文
1	need	welcome
	ways	marketing experience
	increasing audience numbers	build sales
2	all	every member
3	distributes information	receive newsletter
	musical events	concerts, operas and other performances
4	a certain level	intermediate standard
5	not be familiar with	not so well-known
6	children	anyone aged between 6 and 14
	develop	improve
	musical skills	playing
7	popular	appreciative
	local people	audiences from the area
8	help	support
	in financial need	earning a living
9	car	vehicle
	tell	identify
	where	area
10	advice	instructions
	seen	displayed
11	authorisation	authorised
12	require	obtain
13	provide	available
14	phone	call
15	view	see
	useful	valuable

续表

题号	题目	原文
16	important	essential
	be aware of	be sensitive to
	company	organization
17	monitor	look at
	similar positions	comparable jobs
18	belong to	a number of
	what is the norm for payment	acceptable salary ranges
	field	profession
19	arrange for	negotiate
	salary	pay
	Initial period	the first six month
20	accept	agree to
	getting nowhere	really want the job
21	agreed deadline	on time
22	prevent	avoid
	client	company paying for the project
	more and more	repeatedly
23	choose	gather
	team members	human resources
	match	align with
	duties	roles
24	promote	encourage
	knows	clarify
	require	expect
25	check	determine
	running to schedule	staying on track
26	prepare	put…in place
	activated	action
	go wrong	risk

续表

题号	题目	原文
27	over	completed
	strengths and weaknesses	right and wrong
	future reference	future undertakings
28	record	identified more than 2000 individual manta rays
29	regrets	ashamed
30	reason	to see manta rays
	visit	come
31	distinguish	catalogue
32	at short notice	spot
	arranged	be brought by
33	presence of people	human competition
	appear to object to	seem not to mind 反
34	increasing interest	word is out that Hanifaru is a top manta spot
35	protect	preserve
36	control	limit
	has now been established	working to get
37	certain times	south-west monsoons
	weather conditions	wind
	collect	congregate
	look for	hunt for
38	keep free from	remove
39	get up speed	accelerate rapidly
	move quickly	fast swimming
40	scientists	researchers

《剑桥雅思真题 13》G 类

Test 1

题号	题目	原文
1	expensive	indulgent
2	latest	up to date
3	match most clothing	go with anything you choose to put on
4	last a long time	guaranteed for 30 years
5	not be affected if it gets wet	water…resistant
6	a useful, medium size	between an annual holiday suitcase and a weekend bag
7	an earlier age of travel	goes back to the days
8	without any previous involvement in acting	have completed their academic studies and have some theatre or film experience already【不一致】
9	a performance in front of their classmates	an internal production given for…students
11	on their own	by a professional crew【不一致】
12	perform speeches they had worked on in advance	prepare two contrasting speeches
14	via a digital link	or link to a secure website
29	contrast	obvious against
30	going outside	out of the vehicle
31	Oymyakon past and present	Oymyakon is…It probably originated…
32	affected by its location	As the cold air sinks , it accumulates in the valley
33	Very few facilities in buildings	hardly any modern household conveniences

Test 2

题号	题目	原文
1	two beds	a double bed【不一致】
2	musician	drummer
3	Sasha does all the cleaning	sometimes we do it together 反
4	being in the open air	exploring, getting out of the city and into the outdoors
5	be quiet	it shouldn't disturb you
9	pay	afford
11	do not have to pay	one free app
12	pay to download true stories	In-App Purchases, including tales of past sporting heroes
13	get ideas about where to go from other people	find user-created routes on the app
14	details of the energy…used	details of…calories burned
33	relatively common	appearing everywhere
34	evidence that can be interpreted in different ways	Some results…Other palaeontologists…
35	different possibilities…for future research	one of the most stimulating new notions…and a fascinating area for further investigation
38	frighten off members of the same species	scare off rivals
40	revise their opinion	proved that…far more dynamic and intelligent than previously thought

Test 3

题号	题目	原文
1	based on another orchestra	grew out of a concept developed by The East London Late Starters Orchestra (ELLSO)

续表

题号	题目	原文
2	An ability to read music is essential	should have basic music reading skills
3	unsuitable	not the appropriate group
6	conductor provides her services free	not to provide one-on-one instruction【不一致】
8	suitable and not too expensive first watch	well-priced, entry-level
9	attractive to look at	lovingly designed to appear...
10	be programmed to let...know	remind
11	recharging at frequent intervals	the battery life is limited
12	experienced and inexperienced runners	athletes at any level
13	features on this watch are useful	has everything you need and nothing you don't
14	most of their running in cities... not appropriate	better suited to off-readers rather than urban runners
23	internal communications	company intranet
24	improve	raising
25	internal competition	championship
26	work overtime	in addition to their normal work
27	be told	be individually notified
28	more than one type	hybrid
29	mixed	blended with
30	finest vanilla	top vanilla producer
31	goes well	a delicious complement

续表

题号	题目	原文
32	the lack of the most suitable pollinating insect	without the Melipone bee…weren't being fertilized
33	agricultural technique	an efficient method
34	standard taste of…	flavor is the one most people identify with…

Test 4

题号	题目	原文
1	the first year	is back【不一致】
2	must…an overseas trip	whether far afield or close to home【不一致】
4	judging panel is made up of a group of journalists and a professional photographer	Members of…writing team, and photographer…will judge…
5	only be offered to one winner	The overall winner (chosen from the 12 monthly winners) will
7	at the end of the trip	for the duration of the trip【不一致】
8	be changed	modify
9	doesn't mind spending a lot	money is not an issue
10	battery…has a surprisingly long life	last a remarkable eight hours on a single charge
11	keep in contact with other people	have a handy remote and a mic for phone calls
12	cheaper…sounds quite good	a tight budget,…fair sound quality
13	strong	tough
14	move around their playlist… while…exercising	a handy remote built into the cable to skip and pause…with while you work out

续表

题号	题目	原文
28	a summary of the different aspects of leadership	focused on three specific areas of leadership activity
32	similarities	both creatively and commercially
33	two contrasting ways	providing guidance but also the freedom
34	the first	since
35	unpredictable	creativity, improvisation and innovation
37	individual style	with a different sound or way of playing
38	reduce	minimising
39	structure	framework
40	benefits	advantages

《剑桥雅思真题 14》G 类

Test 1

题号	题目	原文
1	go on to	access
2	long term or short term	limited time
5	a hospital site	a separate wing of a hospital
6	lose	will be held 反
7	difficult to use	don't always run smoothly
8	be badly damaged	tore so badly
9	different problems	the trolley handle feels quite thin and flimsy; the top carrying handle is hard and flat; the side handle isn't easy to grip
10	resistant to water	remain dry when given a good soaking
11	a good choice of patterns for the fabric	a huge range of fabric designs

续表

题号	题目	原文
12	isn't very easy to move around	felt a little heavy to pull on all
13	one internal zipped pocket	a single external zipped pocket and another located inside the lid
14	adjustable	has a choice of two heights
33	did not last for a long time	less permanent
34	join the layers of pith strips together	glued together
35	those in power may wish to keep others in ignorance	governments, despots, and conquerors… obliterate cuttures and ideas
36	build boats	boat construction

Test 2

题号	题目	原文
1	liking the view	a pleasure to…look out
2	finding the receptionists welcoming	always treated like old friends by the staff
3	being pleased with the bedroom	our room was very comfortable and quite spacious
4	confused	wasn't clear
5	wide choice of food	so much on offer
6	regularly	every year
7	crowded	nowhere to sit
8	a club featured in a TV programme about the sport	set up a website for the game【不一致】
9	majority…are men	consists only of women 反
14	in the future	our aim is to

Test 3

题号	题目	原文
8	you can	local【不一致】
9	educate a musician	music education
10	lost her sight after attending	with sight loss【不一致】
12	received an award	has also been awarded
14	cover the full cost of the project	contribute up to 50% towards project costs【不一致】

Test 4

题号	题目	原文
1	natural materials	leather
2	in the rain	waterproof
3	categories	labels
4	several passports	at least four passports
5	provided for writing	pen is supplied
6	find	spot
7	something to keep this wallet in	comes in a handy drawstring bag
8	prevent people detecting the numbers	be safe
9	varies	different rules
10	only…if it caused the delay	trains are late, and…even if it was not responsible for the delay【不一致】
13	doubtful	unlikely
14	in the form of a train voucher	using rail vouchers
33	army	military
35	change buses	by a single postbus 反

续表

题号	题目	原文
36	include extreme weather conditions	all four seasons
37	nickname	is often described as
38	can be…if…	irrespective…

《剑桥雅思真题 15》G 类

Test 1

题号	题目	原文
3	fails to arrive	don't receive
	a certain time	within 30 days
4	time limit	within 120 days
7	hard to use	tricky to grip
8	without making a mess	not spitting or boiling over
9	automatically	programmed to
10	difficult to get…really clean	slight dirt traps
	top	lid
11	recipes	ideas for rice dishes
12	a handle…for carrying…safely	a secure handle to carry
13	outside	exterior
	doesn't get too hot	stays cool
14	put…in the dishwasher	dishwasher safe

Test 2

题号	题目	原文
1	extra charge	included in the prices listed【不一致】
3	during the night-time	24-hour access

续表

题号	题目	原文
4	drive your vehicle right next to…	park cars and lorries
5	only	or 反
6	deliver	organising transport
7	history of agriculture in the region	traditional aspects of the life of local farmers
8	Equipment for putting out fires	horse-drawn fire engines
9	the rise of one type of transport	the railway boom
11	copies	reproductions
12	original work	manuscript
13	environmental matters	conservation issues
14	a heroic achievement	preventing loss of life when a train full of eplosives caught fire

Test 3

题号	题目	原文
1	a new item of clothing for the Young Fashion Designer UK competition	enter the coursework they are currently working on rather than specifically producing different pieces of work【不一致】
2	thoughts that led to the item	initial ideas about the clothing
4	on their stand	have their own stand
	choose how to present their work to the judges	Feel free to add as much creativity to your stand as possible
5	with additional photographs	further images
	is strongly recommended	not necessarily 反

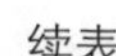
续表

题号	题目	原文
7	Extra prizes	special prizes
	depending on the standard of the entries submitted	if the work merits this
8	silent	loud 反
9	portable	carry it around in your jacket pocket or bag
10	a special place to put small devices	an integrated stand for smartphones and tablets
11	prevent injury	don't hurt yourself
12	offers good value for money	For the price, it's a tempting choice
13	people…for entertainment	gamers
14	get used to	familiarise yourself with
21	new employees	a newcomer
	emotions	feeling uncertain and perhaps a little confused
22	a warning	Don't try to do
23	react	annoy
24	new workplace	unfamiliar
26	arrange	planned

Test 4

题号	题目	原文
1	needs to be done	working is continuing; will also be planed
2	the original suggestion	proposed…initially
4	by car	using motor vehicles

续表

题号	题目	原文
5	route	from…to…
6	length	12-kilometre-long
7	paid for	Funding for
9	provides training	have expertise
10	work with relevant professionals	collaborate with…best directors, writers and actors
11	more people apply to study at the college than are accepted	receive two thousand applications for the one hundred places on our degree courses
12	created by students	Written by two staff members【不一致】

《剑桥雅思真题 16》G 类

Test 1

题号	题目	原文
1	is interested in	find it fascinating
	subject	sector
2	have a career	go into the diplomatic service
	make use of	apply
3	harder than they expected	I didn't think I'd have any problem with it, but I was quite wrong
4	very entertaining	lots of fun things; there's no risk of getting bored
5	appreciates	I am…pleased…and understand it
6	realised	see
7	every year	As usual
8	the town's history	Ripton through the ages; how the town has developed since it was first established

续表

题号	题目	原文
11	at any time without charge	for free until 6 pm and pay £5 after that【不一致】
12	during the whole of the barbecue	in the afternoon【不一致】
13	Seating	stand【不一致】
14	donate	raised【不一致】

Test 2

题号	题目	原文
1	design	a comprehensive budget and…clear plans
2	the appropriate licence	a residential building licence
4	gives an award	runs a state and national awards programme
5	more likely to have	are usually offered by
6	in accordance with	has been designed to comply with
7	from the time it has been signed	five business days within which you may withdraw from the contract after signing it【不一致】
8	provided with safety equipment	Supported by a rope and harness
9	minor injuries	a few bruises
10	disused	deserted
	isolated	built on a rockey outcrop out at sea
11	look down from above	absorb the stunning bird's eye views
12	rough water	stormy seas; choppy waters
	ships	boats
13	easy options	less challenging
	more difficult ones	tackle the brutal hills

续表

题号	题目	原文
14	more difficult than you expect	need some practice before…master the skill
33	unable to work	could do nothing
	at certain times	during the months when…
34	divided…into groups	organised…into teams
	workers	the men
35	hazards	prove fatal
36	training	apprenticeship
	a long period	lasted many years

Test 3

题号	题目	原文
1	go into	passes the entrance
2	beside a lake	the shore of a lake
3	unusual	strange-looking
4	unsuitability	should not be taken
	young children	under-sixes
5	the length of the walk depending on the weather	have a choice of routes…or if it's raining
6	the same size as a human being	life-size
9	were supplied to	brought with them【不一致】
10	changed	instead of…as planned
	because of the weather	due to the unusually high temperature
11	advice	ideas and guidance
13	supplied a picnic for the competitors and spectators	had a picnic which they had brought【不一致】

续表

题号	题目	原文
14	frighten	scare
37	are worn today	still wear
38	popular decorations	an indispensable accessory
39	outfit	costume
	high status	Duke
40	bad weather	in the rain
	protection	keep her dry

Test 4

题号	题目	原文
1	smart	the style conscious
2	getting their feet accustomed	warm and comfortable
3	last for many years	a lifetime of wear
4	not heavy	never weigh you down
5	does not continue to be effective	found this wore off
6	do not keep the rain out	not being waterproof
7	done up tightly	pull the laces firmly
8	who don't want to spend a lot	are reasonably priced
9	only	or【不一致】
12	appropriate clothes	beekeeping clothing
13	Protective footwear	thick boots
14	be repaid	non-refundable【不一致】
32	threatened	fear
33	established	forming

续表

题号	题目	原文
34	donated…to good causes	money would be raised for those in need
35	ban	restrictions
36	old-fashioned	a hundred years behind the times
	accused	remarking
37	women's right	equality between the sexes

《剑桥雅思真题 17》G 类

Test 1

题号	题目	原文
1	your suitcase has split	damaged baggage
2	reserve a room	handle
3	not sure	in doubt
4	collect	allocation
5	help	assistance
	suitcase	luggage
6	bring	imported
10	be charged	be deducted

Test 2

题号	题目	原文
1	letters of recommendation	written references
2	competitors	other agencies
5	chooses	selected
	property owners	client
6	after sunset	between sunset and sunrise

续表

题号	题目	原文
7	attached to the rider	fixed to your bike【不一致】
9	legal restrictions	regulations
11	are allowed	do not meet the legal requirements【不一致】
12	unsatisfactory	in need of change
14	against the law	not a legal requirement【不一致】
28	suggestion	explained
29	feel honoured	am very proud
30	very influential	completely transformed the sport
32	dissatisfied	lousy

Test 3

题号	题目	原文
1	little shade	open and unprotected
2	steep	go up and down
3	a choice	take either…or…
4	a special site for watching wildlife	a viewing platform…to see one of the herds of deer
5	not be allowed to run freely	keep it on a lead
6	sit down	rest
	in several places	benches
7	is still renting	go elsewhere…as I have now done【不一致】
9	quick	immediately
11	changed over time	far less approachable than she had been

续表

题号	题目	原文
13	employed someone	did the job myself 反

Test 4

题号	题目	原文
1	running	a gentle jog
	in the evening	by moonlight
2	seeing	views
	newborn animals	have their young
3	at the same time	meanwhile
4	alternative routes	lead several walks
5	help animals	manage wildlife habitats
6	a certain time	the autumn
7	identifying where animals have been	in search of animal tracks and signs
8	start work immediately	straight into the workplace
9	An increasing number	growing success
10	Most	majority
14	whenever	a fixed time 反
37	settle in the UK without human assistance	re-establishing itself
38	unlikely to try to come into contact with people	shy; The preference...to stay in its woodland habitat
39	bring	generate
	considerable financial benefits	millions of pounds
40	repay	compensation

《剑桥雅思真题 18》G 类

Test 1

题号	题目	原文
1	responsible for	required to take reasonable care of
2	give you enough money to buy	claim compensation 反
3	originally paid for it	a reduced amount 反
4	support	help
5	free	expensive 反
7	nine months ago	up to six years
8	share ideas	make suggestions on
9	isn't possible for any new members to join this group at present	is currently full
10	get feedback on your own work from other members of this group	workshop
11	one genre	the themes and issues found in science fiction novels
12	be available to the public	displayed in the library and online
14	suit someone who thinks they could write a book	Open to all beginners and established writers

Test 2

题号	题目	原文
1	not very easy to pack up	Give yourself a bit of time to fit it back in the bag
2	in any season	all-year-round
3	certain parts of the body are warm	extra insulation in this sleeping bag around the areas that tend to feel the cold
4	a useful storage area	a handy pocket

续表

题号	题目	原文
5	do not want to spend much	budget
7	avoid carrying heavy weights	remarkably light
8	two different types of material	combines natural duck down and a new synthetic fibre
9	fewer than	no more than
10	the life of a person they know	portion from the author's own experience 【不一致】
11	without achieving any success	Writers who have previously won or been highly commended in the Life Writing Prize are excluded from entering

Test 3

题号	题目	原文
1	buy food	the perfect place for breakfast or lunch
2	learn to do a sport	try surfing for the first time
3	uncomfortably busy	overly crowded
4	supervise their children without much difficulty	keep an eye on kids
5	nearest to public transport	no beach closer to the ferry or buses than this one
6	are employed to supervise swimmers	professional lifeguards on duty
7	hire sports equipment	rents stand-up paddle boards
8	All property owners	own a property
	receive…bills	get a bill
10	receive a bill every month	monthly bills
	extra	additional
11	Pensioners	receive a pension
	get a discount	give you a reduction on your bill

续表

题号	题目	原文
12	registered for eBill	register for…online billing facility
	both paper and electronic bills	stop getting paper bills and start getting electronic ones【不一致】
13	before	older than
14	be avoided	stop
	be disconnected	cuts off

Test 4

题号	题目	原文
1	machine	gadget
	put some physical effort	pop…and give it a good shake
2	decide how soft	works out whether…or…
3	fixed onto an existing kitchen appliance	attachment
4	a larger amount of ice cream at one time than in most other machines	unusually generous
5	worth the high price	considerable price tag
6	difficult to take this machine apart	struggled to disassemble it
7	an enjoyable sound	a fun tune
8	skilled photographers	all levels【不一致】
9	Three meals	dinner…breakfast
11	depend mainly on the wishes of the participants	is largely dictated by those attending
12	get up early	start at sunrise
13	be prepared for bad weather	warm outdoor clothing and waterproofs